Christine Kähn – Annemarie Wieser

Ich bin der ich bin

Geschichte einer Krebsheilung

Gespräche mit der geistigen Führung

Wega-Verlag
2002

Die Worte von Agilus:
Ich bin der geistige Führer von Frau Kähn und freue mich, durch dieses Buch viele Menschen zu erreichen. Für alle Völker, für die ganze Menschheit gelten Grundprinzipien und Grundwahrheiten. Alle Religionen bergen diese uralten Weisheiten und wollen die Erlösung des Menschen. Ihr dürft keine künstlichen Grenzen und Trennwände ziehen, sondern ihr müsst versuchen, die Gemeinsamkeiten zu entdecken. Zu diesen Weisheiten gehören die Liebe, die Verbindung mit der geistigen Welt, d. h. zu den geistigen Führern, zu allen himmlischen Wesen, zu allen Seelen und die Verbindung zu euch selbst. Damit ist gemeint, sich selbst ernst zu nehmen und sich in sich selbst zu zentrieren. Das bedeutet aber nicht Egoismus, sondern die Festigung der eigenen Persönlichkeit, um dadurch anderen besser helfen zu können. Dies alles ist bei vielen Menschen verschüttet oder in Vergessenheit geraten. Dieses Buch kann helfen, zu den verborgenen Schätzen vorzudringen, um so die Fülle des Lebens schon hier auf der Erde zu erlangen und die noch größere Seligkeit im Jenseits zu erahnen.

Die Worte von Harkon:
Ich möchte als geistiger Führer von Frau Wieser in diesem Buch die Gelegenheit ergreifen, meine Worte an viele Menschen zu richten. Ihr lebt in einer sehr schnelllebigen, hochtechnisierten, jedoch menschlich und geistig verarmten Welt. Eure größte Aufgabe ist, die ursprünglichen Wahrheiten in den menschlichen und geistigen Bereichen wieder zu entdecken und zu leben. Forscht und nehmt euch dieser Sache mit vollem Ernst aber auch voller Freude an und ihr werdet ungeahnten Reichtum empfangen. Dieses Buch zeigt **einen** gangbaren Weg, es gibt aber verschiedene Möglichkeiten! Jeder Mensch hat eine geistige Führung, Hilfe durch die Engel und ist geborgen in der Allmacht Gottes, so dass sich niemand allein gelassen fühlen muss. Dank unseres Wirkens gibt es nicht zuletzt auch immer mehr Menschen, die euch in eurem Bestreben unterstützen können, da sie schon reif und im geistigen Wissen sehr fortgeschritten sind.

Umschlag: Maria Bentz
Lektorat: Alexander Markow
Satz: Daniel Samulevic
Druck: Standartu Spaustuve, Vilnius

ISBN 3-9808339-4-1

Vorwort

Diese Aufzeichnungen spiegeln den bisher wichtigsten Zeitraum meines Lebens wider. Mein spezieller Dank gilt dabei drei sehr verschiedenartigen Persönlichkeiten, die es mir ermöglichten, diese fast unglaubliche Geschichte zu Papier zu bringen.

Der erste Dank geht an Agilus. Er ist ein Geistwesen, jenseits von Raum und Zeit und jenseits unserer Bewusstseinsebene. Agilus war immer dann zur Stelle, wenn ich ihn brauchte. Er kannte keine Zeitvorgaben und keine Lustlosigkeit. Er ließ tausend Ideen in mir wachsen und dementsprechend stellten sich mir viele Fragen. Er führte mich mit einer Güte, die nicht zu überbieten ist. Agilus hörte sich meine Gedanken an und korrigierte im Laufe dieser Zeit meine teilweise falschen Bilder von der geistigen Welt und von ihm. Meine allzu menschlichen Vorstellungen über einen geistigen Führer haben sich in konkrete Wirklichkeit verwandelt. Agilus ist für mich kein alter Mann mehr, sondern ein sehr aktives Energiewesen, das der heutigen Zeit voll angepasst ist.
Danke Agilus!

Der zweite Dank geht an meinen Ehemann und an die Kinder. Ich weiß, dass sie in den letzten eineinhalb Jahren viele Male auf mich verzichten mussten. Meine Gedanken kreisten meist um dieses Buch und ich verbrachte unzählige Stunden in meinem Arbeitszimmer und schrieb oder meditierte. Die täglich anfallenden Aufgaben mussten etwas verlagert werden, aber ich weiß, dass es niemanden geschadet hat.

Vor allem aber möchte ich meinem Mann danken, der unermüdlich alle Arbeiten am Computer erledigte und wertvolle Anregungen gab. Ich hörte nie eine Klage oder einen Vorwurf. Er holte mich auch immer wieder in die Realität zurück, wenn ich anfing zu „entschweben“. Ohne seine Hilfe hätte ich dieses Buch nicht schreiben können.
Danke an euch alle!

Der dritte Dank geht an meinen verstorbenen Vater! Ich habe über das Schreiben zu ihm gefunden. Wir sind uns in vielen Gesprächen sehr nahe gekommen und ich habe einiges über sein wirkliches Wesen erfahren. Heute verbindet mich eine tiefe Liebe zu ihm, die ich im realen Leben nicht empfinden konnte.
Danke Papa!

Mein besonderer Dank geht an Frau Wieser. Durch ihre Krankheit und ihre besonderen Fähigkeiten konnten wir beide eine Reise in ein unbekanntes Land starten. Wir erkannten dabei, dass die Menschen nur ihr verloren gegangenes Wissen bewusst machen müssen, damit sie den Schleier des Vergessens heben können. Wir gelangten dadurch in Bereiche, die uns das Tor zum Glück öffneten.

Für Frau Wieser und mich ist die geistige Welt genauso greifbar wie die real existierende. Wir haben ein Verbindungsband vom Diesseits zum Jenseits gelegt und bewegen uns mit Hilfe dieses Bandes auf zwei Ebenen.
Wir haben viele Stunden damit verbracht, die geistige Welt mit Fragen zu überhäufen und wir erhielten auf die meisten eine verständliche Antwort.
Danke Frau Wieser!

Ganz besonderen Dank all meinen Freunden und Bekannten, denen ich mein noch unvollständiges Manuskript zum Lesen überließ. Sie gaben mir wertvolle Anregungen und bestätigten mich darin, dass diese Aufzeichnungen als Buch einem größeren Leserkreis zugänglich gemacht werden sollten. Sie ermutigten mich, diese Geschichte und meine Erfahrungen mit der geistigen Welt zu veröffentlichen.

Nicht zuletzt bedanke ich mich bei den Verantwortlichen des Wega-Verlages, die das Manuskript ohne große Änderungen übernahmen und damit der geistigen Welt ein hohes Maß an Vertrauen entgegenbrachten.

Ich gebe mit diesem Buch sehr viele meiner Gefühle und Gedanken preis und ich hoffe damit, nicht nur interessierte Leser, sondern auch viele Menschen, denen es ähnlich erging, anzusprechen.

Dieses Buch zeigt, wie man mit Brustkrebs alternativ und ergänzend zur Medizin umgehen kann und es bringt Ordnung in unzählige Fragen, die viele Menschen bezüglich jener anderen Welt stellen.

Sollten Sie sich mit den vorgenannten Bereichen identifizieren können, wird Ihnen das Lesen mit Sicherheit viel Freude bereiten.

Christine Kähn

Dieses Buch soll viele Menschen erreichen, die nicht weiterwissen oder gar schon vor einem Abgrund stehen. Es soll neue Perspektiven öffnen und neue Hoffnung geben.

Es stellt keinen allgemein gültigen Weg dar, aber es soll Beispiel sein für vielfältige Hilfen im alternativen Bereich. Hierher gehört vor allem die geistige Auseinandersetzung mit einer Krankheit.

Aus Verzweiflung kann Dankbarkeit werden!
Aus Angst kann Vertrauen werden!
Aus Orientierungslosigkeit kann Zielsicherheit werden!
Aus Oberflächlichkeit kann Mitgefühl werden!
Aus Hilflosigkeit kann Hilfsbereitschaft werden!
Aus Hoffnungslosigkeit kann Mut werden!
Aus Elend kann Geborgenheit werden!
Aus Krankheit kann Genesung werden!
Aus Chaos kann Harmonie werden!

Annemarie Wieser

Ich bin der ich bin

Die folgenden Aufzeichnungen wurden im Laufe von zweieinhalb Jahren von mir gemacht. Sie zeigen den Beginn, den Verlauf und die Auflösung einer Krankheit, deren Diagnose großen Schrecken verbreitet: **Krebs!** Dieses Manuskript beinhaltet zwei Sichtweisen, die des Behandlers und die des Betroffenen. Es zeigt auf, wie eine Krankheit nicht nur das Leben des Kranken, sondern auch das Leben des Behandlers vollkommen auf den Kopf gestellt hat. Ich selbst (als Behandler) verdanke diesem Umstand meine ganze persönliche Weiterentwicklung. Die spirituelle Welt öffnete sich auf eine Art und Weise, die für mich früher nicht denkbar gewesen wäre. Es entwickelte sich eine liebevolle Beziehung zu meiner geistigen Führung, zu Gott und zu den Engeln.

Die Erkrankung von Frau Wieser lehrte mich, dass der Grundstock jeder Heilarbeit absolutes Vertrauen zur geistigen Welt voraussetzt.

Krank wird derjenige, der vergessen hat, wer er ist. Diesen Weg wählt man selbst. Die Seele hat hier die Orientierung verloren. Jede Krankheit verlangt eine Veränderung des Betroffenen, denn sie verzerrt die reale Wahrnehmung durch übermächtige Gefühle.

Meine Vorgehensweise war folgende: Ich korrigierte das Ungleichgewicht des Körpers und löste Energieblockaden. Ich baute Ängste über die Methoden der Angewandten Kinesiologie ab, rief positive Glaubenssätze ins Bewusstsein, entschärfte die Chemotherapie gedanklich und tat noch vieles mehr. Es wurde nie eine Entscheidung des Arztes angezweifelt, es wurde keine Chemo versäumt und auch keine Arztbesuche gestrichen. Mein Weg war und ist eine **begleitende Alternative** zu einem festgelegten ärztlichen Plan. Die Diagnose „unheilbar“ (sie wurde im vorgenannten Fall nicht gestellt) ist meiner Meinung nach eher eine Aussage über die Grenzen der Schulmedizin, nicht über den Patienten.

Die Rückkehr von der Krankheit zur Gesundheit erfordert sehr viel persönliche Arbeit und auch eine gewisse Veränderung der Lebensumstände und Gewohnheiten. Ohne Veränderungen wird man neue Probleme schaffen, die alle dazu auffordern, die Ursachen zu suchen.

Mit dieser Einstellung begleitete ich Frau Wieser über ein Jahr lang während ihrer Krankheit. So traurig der Umstand unserer Treffen auch war, es wurde trotzdem viel gelacht, die Zeit verging jedes Mal im Fluge, meine Prognosen zum Verlauf der Krankheit wurden im Nachhinein von den Ärzten jedes Mal bestätigt, und unser Glaube an ein nicht allgemein anerkanntes System wuchs von Tag zu Tag mehr.

Sollte ich nun Sie, lieber Leser, neugierig gemacht haben, dann wünsche ich Ihnen viel Freude beim Lesen.

Es war einmal..., so beginnen viele Geschichten. Darum möchte ich auch unsere Geschichte so beginnen lassen:

Es war an einem wunderschönen Donnerstag, kurz vor Weihnachten. Die Sonne schien, während ich mit einer Bekannten spazieren ging. Ich dachte an das bevorstehende Fest und an viele noch nicht erledigte Dinge. Plötzlich wurde ich jäh aus diesen Gedanken gerissen. Der Satz: „Wissen Sie eigentlich, dass Frau Wieser Brustkrebs hat?" ließ mich erstarren. Ich glaubte zuerst an einen Hörfehler, aber ich konnte die Information drehen und wenden wie ich wollte, die Tatsache blieb bestehen: „Brustkrebs".

Meine Gedanken überschlugen sich: „Das kann doch nicht wahr sein." Wir waren doch erst vor vierzehn Tagen gemeinsam auf dem Christkindlmarkt. Es ging Frau Wieser sehr gut, sie klagte zwar über Schmerzen im Unterleib (Regelbeschwerden), aber das belastete sie nicht.

Ich kenne Frau Wieser seit über zehn Jahren. Sie wohnt in meiner Nachbarschaft und unsere Kinder sind im gleichen Alter. Sie haben eine schöne Kindheit zusammen verbracht. Meine ersten Gedanken waren: „Was kann ich tun? Wie kann ich helfen?" In diesem Moment wurde mir klar: „Ich muss ihr helfen!"

Worin bestand diese Hilfe?

Ich arbeite seit zehn Jahren mit den Methoden der Angewandten Kinesiologie. Ein spezieller Armtest ermöglicht mir, mit Hilfe des Unterbewusstseins dem Problem ohne Verformung der Wirklichkeit auf den Grund zu gehen.
Dieser Arm- oder Muskeltest ist das Handwerkszeug jedes Kinesiologen. Mit dem Muskeltest kann man Veränderungen im autonomen Nervensystem feststellen. Dadurch ist man in der Lage, sowohl körperlichen als auch psychischen Stress

festzustellen. Darüber hinaus ermöglicht diese Testmethode, die richtige Behandlung festzulegen und dem Körper ein positives Feedback zu geben.
Die zweite Hilfe sah ich im Glauben an eine höhere Macht, mit der ich mich seit vielen Jahren auseinander setze.

Noch am selben Tag besorgte ich mir bei einer Bekannten einen Edelstein.

Soweit ich informiert war, befand sich Frau Wieser zu diesem Zeitpunkt schon im Krankenhaus. Ich verpackte den Edelstein (einen kleinen Schmuckanhänger mit Kette) und schrieb ihr ein paar liebe Zeilen.

Am Abend wollte ich beides zu ihrem Mann bringen. Ich läutete in der festen Annahme, Frau Wieser nicht anzutreffen. Doch wer öffnete mir? Frau Wieser! Ich war momentan sprachlos, sie zu sehen. Mein erster Gedanke war: „Also stimmt es doch nicht!" Verunsichert suchte ich nach Worten. In einem kurzen Gespräch klärte sie mich auf, dass der Krankenhausaufenthalt wegen der vielen Feiertage ins neue Jahr verlegt worden war. Ich bot Frau Wieser meine Hilfe an. Sie willigte ein, doch wir wussten zu der Zeit noch nicht, dass wir uns auf das größte Erlebnis unseres bisherigen Lebens eingelassen hatten. Ein Wechselbad der Gefühle begleitete uns durch das ganze Jahr. Unsere Beziehung zueinander vertiefte sich.

Ich wusste schon lange, dass bei jeder Krankheit sowohl ein Auslöser im Hier und Jetzt als auch ein Auslöser im Vergangenen bzw. auf der karmischen Ebene zu suchen ist. Den einen Teil lösen Medizin und Wissenschaft, den anderen Teil löst eine Bewusstmachung des Karmas auf.

Unser Karma ist eine lange Kette von Ursache und Wirkung und eine Widerspiegelung von Glaubensmustern. Im Prinzip schaffen wir uns damit eine eigene Realität. (Hier handelt es sich um meine persönliche Auslegung.)

So begann unsere unglaubliche Geschichte, die Tag für Tag mehr zur Wirklichkeit für uns beide wurde.

Frau Wieser und ihr Mann kamen am Abend vor dem ersten Krankenhausaufenthalt zu mir. Es herrschte eine recht bedrückte Stimmung und wir bemühten uns sehr, unsere Gefühle und Ängste im Griff zu haben.

Ich zeigte Frau Wieser als Erstes die Einstellung der Chakren. Ich bot ihr dazu zwei Möglichkeiten an. Entweder man zieht eine liegende Acht auf dem einzelnen Chakra oder man stärkt es durch die entsprechende Farbe. (Die liegende Acht ist eine Integrationsübung aus der Angewandten Kinesiologie.)

Chakren sind Kraftzentren, die ihre Energie aus der universalen Lebensenergie nehmen. Sind sie nicht balanciert, werden die Körperorgane ungenügend mit Energie versorgt und schwächen sich dadurch. Auch das Immunsystem des Körpers wird beeinträchtigt. Erfolgt dies auf lange Zeit, erkrankt der Mensch. Ich denke, gerade bei Krebs ist es sehr wichtig, das Immunsystem auf natürliche Art und Weise zu stärken. Die Einstellung der Chakren wurde über Wochen hinweg von Frau Wieser durchgeführt.

Ich zeigte ihr auch noch, wie man durch Behandlung von Meridianen (Energiebahnen im Körper) mit Ängsten umgehen kann. Oft wirken Ängste auf den Magen. Aufgrund dieser

Erkenntnis wurde in der Angewandten Kinesiologie eine Methode entwickelt, den Magenmeridian zu stärken und damit die Angstgefühle abzubauen.

Die Chemotherapie war zu dieser Zeit bereits ein Thema für Frau Wieser, da man davon ausging, dass der Knoten in der Brust bösartig sei. Totale Gewissheit würde aber erst die Operation am übernächsten Tag bringen.

Ich gab ihr zwei positive Glaubenssätze mit ins Krankenhaus: „Chemo macht mich frei und fröhlich“ und „Ich bleibe so, wie ich bin.“

Die Angewandte Kinesiologie arbeitet häufig mit positiven Glaubenssätzen, da die Denkweise entscheidend zum Wohlbefinden des Menschen beiträgt. In der praktischen Arbeit werden positive Glaubenssätze über den Dünndarmmeridian (Dü 3) sehr effektiv in das Glaubenssystem der Person eingebracht.

Leider konnte ich zu dieser Zeit nicht mehr für Frau Wieser tun. Ich hoffte für sie, dass man nur den Knoten entfernt und nicht die ganze Brust. Ich wusste, dass in dem von ihr gewählten Krankenhaus prinzipiell die ganze Brust entfernt wird. Ich wusste aber auch, dass in einem anderen, nicht weit entfernten Krankenhaus brusterhaltend operiert wird. Ich durfte und wollte mich aber nie in irgendeiner Form in die ärztliche Behandlung oder in die Wahl des Krankenhauses einmischen.

Frau Wieser vertrat damals die Einstellung, Hauptsache der Krebs ist weg, ganz egal was mit der Brust passiert. Diese

Meinung ließ mich erschauern. Das Leben geht weiter, sie ist eine junge Frau und hat einen jungen Mann. Ich weiß, dass sie heute anders denkt. Ein positiver Umstand verhalf ihr kurzfristig zum Wechsel in ein anderes Krankenhaus. Ich möchte jedoch nicht vorgreifen und das Wort an Frau Wieser geben. Ich bin neugierig, wie sie ihre Geschichte schildert.

Ich sitze nun in meinem Zimmer der Reha-Klinik und habe viel Zeit über das vergangene halbe Jahr nachzudenken. Es war eine schwierige Zeit, jedoch Tage, Wochen und Monate, die mich in vielen Bereichen weiterbrachten.

Ich erinnere mich an einen Vormittag im Sommer 1999, als ich beim Bettenmachen plötzlich den Gedanken hatte, dass ein Familienmitglied bald ins Krankenhaus muss. Das kam unerwartet und schnell, ohne jeden Anlass. Während ich noch daran fest hing, dachte ich mir: „Wenn es sein muss, dann lass es mich sein." Damit löste sich dieses Gefühl wieder auf und ich arbeitete weiter.

Als einige Wochen später Bernadette, unsere jüngste Tochter, ins Krankenhaus musste, um einen gebrochenen Finger zu schienen, kamen mir meine damaligen Gedanken wieder ins Bewusstsein und ich dachte: „Wenn das alles war, ist es ja noch einmal glimpflich abgelaufen."

Anfang Dezember 1999 ertastete ich an meiner linken Brust oberhalb der Brustwarze einen Knoten. Als ich zum Frauenarzt bzw. zum Radiologen ging, hatte ich für mich insgeheim schon die Gewissheit, dass diese Sache nicht gutartig ist. Das bestätigte sich leider auch und ich habe dieTage von der Diagnose bis zum Operationstermin als „Horrortage" in Erinnerung.

Zu dieser Zeit sah ich eines Morgens meinen Vater, der schon zwanzig Jahre tot ist, ganz deutlich, jedoch weit entfernt vor mir stehen. Er trug einen Morgenmantel und seine ganze Gestalt sowie sein Gesichtsausdruck drückten unbeschreibliche Traurigkeit aus. Ich erschrak, denn ich konnte dieses Bild nicht deuten.

Kurz vor dem Krankenhausaufenthalt kam Frau Kähn zu mir und brachte mir einen Schmuckedelstein, den ich sofort nach der Operation tragen sollte.
Außerdem zeigte sie mir das Einstellen und Stärken der Chakren sowie das Arbeiten mit den Meridianen. Beides führte ich viele Monate täglich durch. Mit dem Glaubenssatz „Chemo macht mich frei und fröhlich" sollte ich besonders intensiv arbeiten.

Bevor wir ins Krankenhaus fuhren, ging ich zur Beichte, besuchte die heilige Messe und trat so gestärkt den kommenden Ereignissen entgegen.

Bei der ersten Operation wurde der Knoten in der Brust und vom Krebs befallene Teile in der Achsel entfernt. Ich erholte mich relativ schnell und verbrachte viel Zeit mit Meditation und Gebet. Mein Appetit war gut und eine innere Stimme sagte mir, dass ich viel essen müsse, um für die nächste Zeit gut gerüstet zu sein.

Den Heiligen Abend durfte ich (trotz zweier Drainageflaschen) bei meiner Familie zu Hause verbringen. Ich konnte sogar auf der Gitarre die Weihnachtslieder begleiten. Meine

Befürchtungen, andauernd weinen zu müssen (in Gedanken, es sei mein letztes Weihnachtsfest), bewahrheiteten sich nicht. Ich genoss die feierliche Stimmung und das harmonische Familienleben. Wir alle kamen mit der außergewöhnlichen Situation gut zurecht.

Am 25.12.1999 kehrte ich nach dem Frühstück ins Krankenhaus zurück. Einige Tage danach bekam ich die genaue Diagnose mitgeteilt und es wurde mir eröffnet, dass die gesamte Brust entfernt werden müsste. Es handelte sich um einen invertierten Krebs, das heißt, dass das ganze Gewebe befallen und durchzogen war.

Die Oberärztin verwies mich an zwei andere Kliniken, die einen Brustaufbau vornehmen, während die jetzige Klinik nur Amputationen durchführt.

Ich versuchte nach Rücksprache mit meinem Mann in einer der beiden Kliniken einen Termin zu erhalten. Es wäre frühestens der 11.01.2000 gewesen. Da dieses Datum zu spät für mich war und Eile geboten war, begann ich mich innerlich schon mit der Amputation abzufinden. Doch mein Mann drängte mich (es war der 30.12.1999) von Klinik zu Klinik zu fahren, um wo anders einen früheren Operationstermin zu erhalten. Ich hatte Glück.

Im neuen Krankenhaus führte ich mit einem sehr freundlichen Oberarzt ein zweistündiges Gespräch. Es endete mit der Zusage einer Operation am 3. Januar 2000, die den Wiederaufbau der Brust mit Eigengewebe beinhaltete.

Silvester feierte ich wieder im Kreise der Familie. Beim Jahreswechsel hatte ich bei all den vielen Glück- und Segenswünschen ein gutes Gefühl und keine Träne floss. Am Vorabend der Operation war meine Stimmung im Hinblick auf eine fünfstündige Operation dennoch gedrückt. Wie würde ich alles überstehen? Vor dem Einschlafen überwog jedoch das Vertrauen in die Führung Gottes und in das Können des Professors und seines Teams.

Alles verlief sehr gut. Die ersten Tage nach dem Eingriff waren zwar durch den großen Bauchschnitt etwas mühsam (das Bauchgewebe war teilweise zur Brust hochgezogen), aber ich erholte mich von Tag zu Tag mehr. Ich bekam täglich lieben Besuch und telefonierte viel - auch mit Frau Kähn, die mich mental sehr unterstützte. Ich spürte die Zuneigung vieler Freunde, Verwandter und Bekannter. Ich fühlte, wie mich ihre Gebete und guten Gedanken trugen. Manche Augenblicke im Krankenhaus erlebte ich als richtiggehend „glückselig".

Drei Tage vor meiner Entlassung bekam ich meine erst Chemotherapie, der ich mit bangen Gefühlen entgegenblickte. Ich kann mich erinnern, wie sehr ich erschrak, als ich mein Zimmer verließ, um Tee zu holen und draußen stand - bedrohlich wie ein Ungeheuer - der Infusionsständer. An ihm hingen mehrere Beutel, von denen einer knallrot war.
Allein bei diesem Anblick und in Erwartung des Kommenden verspürte ich eine leichte Übelkeit.

Der Nachmittag und der Abend vergingen mit dieser Infusion in Gegenwart meines Mannes und einer lieben Freundin, die mir beide fest zur Seite standen. Zwei Tage blieb ich noch im Krankenhaus und dann durfte ich nach Hause.

Diese ersten Tage daheim fielen mir sehr schwer. Ich war zu nichts mehr imstande, außer mich selbst zu waschen und anzuziehen. Aber selbst das fiel sehr schwer. Der Gang in das erste Stockwerk glich der Besteigung der „Eigernordwand". Von Hausarbeit oder dergleichen konnte keine Rede sein. In so einer Situation hatte ich mich noch nie befunden.

Ich erhielt zu dieser Zeit auch meine „Chemokette", eine extra für mich angefertigte Kette aus verschiedenen Edelsteinen. Sie wirkte sich auf viele Bereiche meines Körpers und Geistes aus. Ich trug sie nach jeder Chemo ein bis zwei Wochen lang. Gleich beim ersten Tragen riss die Kette. Frau Kähn testete sie nach und stellte fest, dass sie etwas zu stark war. Wir fassten sie neu und ließen dabei vier Lapislazuli (Edelsteine) weg.

Zwischen Weihnachten und Neujahr dachte ich das erste Mal daran, dass ich in absehbarer Zeit eine Perücke brauchen würde. Ziemlich matt und ohne eine Sinn darin zu sehen, ließ ich mich von meinem Mann überreden, einen Friseurtermin zu vereinbaren. Ich sollte eine Auswahl treffen, um dann bei Bedarf die richtige Perücke sofort aufsetzen zu können. Ich befürchtete, dass bei diesem Termin eine große Betroffenheit und Peinlichkeit herrschen würde. Der junge Friseurmeister war sehr ruhig und routiniert im Umgang mit solchen Kunden wie mich. Er gab uns drei Kataloge mit verschiedenen Modellen, Farben und Haarlängen und verhielt sich so, als wäre alles selbstverständlich für ihn. Dadurch nahm er mir jegliche Scheu. Wir lachten sogar zwischendurch und ich machte mir Gedanken über das, was einem das Leben so alles abverlangt.

Der Friseurmeister sicherte uns zu, sechs Perücken für die engere Auswahl zu bestellen.

Einige Wochen später standen wir uns (nach der zweiten Operation und der ersten Chemo) wieder gegenüber und ich konnte nun die verschiedenen Perücken in natura begutachten. Ich empfand zunächst eine schrecklicher als die andere. Mein Mann half mir liebevoll und so fanden wir ein Modell, das zwar recht passabel aussah, aber hinter den Ohren unangenehm drückte. Die ganze Hoffnung ruhte nun auf der letzten Perücke. Und sie passte sowohl in Form und Farbe als auch in der Bequemlichkeit! Sie musste jetzt nur noch richtig geschnitten und frisiert werden. Dazu vereinbarten wir einen Termin, wenn die Haare ausgefallen wären.
Jeden Tag prüfte ich, ob die Haare schon ausfielen. Doch kein Haar ging aus.

Eines Nachmittags griff ich bei einem Arztbesuch unbewusst in die Haare und hielt unvermittelt ein ganzes Bündel davon in der Hand. Das geschah völlig schmerzlos. Jetzt also war die Zeit gekommen, nicht unerwartet aber gefürchtet!

Am nächsten Tag saß ich beim Friseur und entschloss mich spontan, diesem „Ausfalldilemma" zu entgehen, indem ich mir kurzerhand alle Haare abscheren ließ. Da der Friseursalon gerade umgebaut wurde, hatte ich keinen abgeschirmten Platz. So konnte ich im Spiegel die erstaunten und neugierigen Blicke der anderen Kundinnen beobachten. Ich selbst empfand nur ein Gefühl der Neugierde - wie würde ich ohne Haare aussehen?

Ich bekam bei diesem Anblick keinen Schreck, es gibt meiner Meinung nach Schlimmeres.
Nun wurde die Perücke aufgesetzt, zurechtgeschnitten und frisiert. Anschließend wurde ich mit Pflegemitteln, einer Anleitung dazu und einem Styroporkopf zum Aufbewahren verabschiedet.
Auf der Straße wurde ich die erste halbe Stunde das Gefühl nicht los, wegen meiner Perücke von allen angestarrt zu werden. Aber das war nur Einbildung. Es war alles eine Sache der Gewöhnung.
Zuhause wartete ich auf die Kinder, die aus der Schule und dem Kindergarten kommen sollten. Sie erkannten auf den ersten Blick, dass ich jetzt eine Perücke aufhatte. Während des Mittagessens blickten sie immer wieder sehr befangen auf meinen Kopf. „Mama, nimm sie ab!" kam es von den beiden Mädchen.
Es kostete mich starke Überwindung, ihrer Aufforderung Folge zu leisten. Aber früher oder später musste es ja doch sein.
Ich lüftete also meine Perücke und die Kinder sahen mit großen Augen auf meinen kahlen Kopf. Zunächst Stille. Es war mehr Erstaunen als Entsetzen in ihren Augen. Nach einigen Augenblicken aber sagte Bernadette, die jüngere Tochter: „Mama, du siehst aus wie ein kleiner Außerirdischer!" Sie sagte das mit einer so großen Selbstverständlichkeit, dass ich lachen musste. Von diesem Augenblick an fiel es mir noch leichter, mit diesem Symptom der Krankheit fertig zu werden.

Anschließend wurden Fotos gemacht und damit fand diese erste Begegnung mit der Perücke ihren Abschluss.

Im Winter war ich oft versucht, diese „Mütze" beim Betreten eines Lokals oder eines Geschäftes abzunehmen. Gott sei Dank kam es nie dazu!

Im Mai hatte ich kein einziges Haar mehr am Körper - keine Augenbrauen, keine Wimpern und keinerlei Körperbehaarung. Ich half mir mit diversen Schminkartikeln, um darüber hinwegzutäuschen. Die Wimpern wuchsen als Erstes wieder nach und ab September traute ich mich wieder ohne Perücke unter die Leute - sie hatte mich acht Monate begleitet.

Ich habe mit Frau Wieser während ihres ersten Krankenhausaufenthaltes mehrmals telefoniert. Den genauen Inhalt dieser Gespräche weiß ich nicht mehr. Ich weiß nur noch, dass trotz allem Kummer bei ihr auch Zuversicht herrschte.

Ich fragte mich während dieser Zeit immer wieder: „Warum muss eine Frau mit drei Kindern diese Krankheit bekommen?" Damals fand ich keine Antwort darauf.

Heute weiß ich mittlerweile, dass der göttliche Plan nicht das Umfeld berücksichtigt, sondern dass Krankheit immer eine Chance beinhaltet, nach der eigenen inneren Wahrheit zu suchen. Unser menschliches Denken legt Krankheit und Tod meist als Niederlage aus. Der göttliche Plan sieht das aber aus einer anderen Warte. Alle selbstgeschaffenen Schleier lösen sich auf, wir kehren heim und werden wieder die, die wir immer waren, die wir immer sind und die wir immer sein werden. Ich brauchte einige Zeit, um mit dieser Erkenntnis klar zu kommen.

Die Situation von Frau Wieser belastete mich zu dieser Zeit stark. Ich musste sehr viel an ihre Familie denken. Wie mag es ihr wohl ergehen? Ich hatte aber auch nicht den Mut zu fragen, weil ich glaubte, es würde als Neugierde ausgelegt. Ich versuchte, mir bei allen Behandlungen nichts anmerken zu lassen. Ich denke, es gelang mir ganz gut. Ob es richtig war, weiß ich nicht. Trotz all meiner positiven Gedanken tauchte immer wieder die Angst auf: Was ist, wenn ich ihr nicht helfen kann?

Es waren mittlerweile vierzehn Tage vergangen, Frau Wieser hatte ihre beiden Operationen hinter sich und auch der erste Kontakt mit der Chemotherapie hatte stattgefunden.

3.2.2000

Ab heute trafen wir uns regelmäßig und arbeiteten systematisch an der Aufarbeitung der Erkrankung.

Frau Wieser kam am Vormittag zu mir und wir begannen mit meiner alternativen Behandlung. Ich überprüfte zuerst ihre Chakren und stellte fest, dass sie ihre energetische Einstellung fleißig gemacht hatte, weil ihre Chakren (Energiezentren) vollständig aufgeladen waren. Die Glaubenssätze vom letzten Mal wurden mit dem Muskeltest überprüft, ob sie noch Gültigkeit hatten. Diese Sätze durften noch nicht verändert werden.

Jede Krebserkrankung erzeugt im Gehirn eine spezielle Veränderung, die wiederum über den kinesiologischen Armtest zu erkennen ist. (Diese Testmethode nehme ich nur als Bestätigung der ärztlichen Diagnose her. Sollte mein Test einen Widerspruch zur Diagnose des Arztes ergeben, würde ich das nie dem Betroffenen mitteilen. An meinem Grundsatz, nie den Arzt anzuzweifeln, gibt es nichts zu rütteln). Bei Frau Wieser waren die Aussagen des Arztes und mein Ergebnis identisch. Ich suchte also die Veränderung und glaubte schon, sie gefunden zu haben. Doch ich spürte während des Testens, dass ich vom Unterbewusstsein irregeführt wurde und verschob das Ganze auf das nächste Mal. Da wir die Stelle des Krebses nicht lokalisieren konnten, versuchten wir, uns auf geistiger Ebene Zugang zu verschaffen und den Punkt zu finden. (Frau Wieser ist hellsichtig und kann über das sechste Chakra (Drittes Auge) mit realen und irrealen Dingen und Wesen Kontakt aufnehmen).

Die Veränderung im Gehirn erschien ihrem geistigen Auge und teilte uns mit, dass sie keine Angst haben sollte. Es sei sehr wichtig, das „kosmische" Gedankengut weiter zu verstärken. Diese Vorgehensweise war auch für mich zu dieser Zeit vollkommen neu, doch ich spürte innerlich, dass ich geführt wurde und dass ich dieser Führung nur vertrauen musste.

Ab Februar traf ich mich alle ein bis zwei Wochen mit Frau Kähn und wir arbeiteten „an der" oder besser gesagt „mit der Krankheit". Sie erzählte mir von einem Indikator für diese Krankheit im Gehirn. Durch den Armtest wurde er lokalisiert. Ich kann mich daran erinnern, dass er mir (über das Dritte

Auge) als bräunliche und kreisförmig strukturierte Masse erschien und mir mitteilte, ich befände mich auf dem richtigen Wege und sollte in meinen Bemühungen, diesen göttlichen Weg zu gehen, nicht nachlässen.

9.2.2000

Frau Wieser kam zu mir und ich wunderte mich - wie jedes Mal - über ihr gutes Aussehen.

Ich testete die Thymusdrüse aus und stellte fest, dass sie angeregt werden musste. Das geschah durch einfaches Klopfen im entsprechenden Bereich..
Außerdem musste sie ihre Finger und Zehen ausstreifen (symbolisch wurden die Nebenwirkungen der Chemo entfernt). Nach jedem Ausstreifen durfte das Ausschütteln der Hände nicht vergessen werden.

Wir „holten" uns verschiedene innere Organe (Leber, Magen, Niere usw.). Dies geschah wieder über die Hellsichtigkeit von Frau Wieser. Wir beruhigten die Organe mit der Feststellung: „Es ist kein Krieg mehr, es kehrt Frieden ein" (damit ist der innere Frieden gemeint).

Ich versuchte über den Muskeltest erneut den Krebsindikator zu finden. Er zeigte sich dieses Mal eindeutig. Ich wusste, wenn es uns gelingen sollte, diese Stelle zu entkoppeln, hört der Körper auf, den Krebs zu produzieren.

Wir testeten wieder die Chemo-Kette nach, sie war noch in Ordnung. Frau Wieser musste in dieser Zeit oft an ihren verstorbenen Vater denken. Das veranlasste mich, über den kinesiologischen Armtest nachzufragen, ob wir mit ihm Kontakt aufnehmen sollten. Die Antwort lautete: „Ja, aber erst in vier Wochen."

Ich halte mich immer peinlich genau an die Aussagen des Armtestes und so verschoben wir das Ganze.

Frau Wieser erzählte mir an diesem Tag, dass sie beim ersten Kontakt mit der Chemo fürchterlich erschrocken war. Wir gingen gedanklich diese erste Begegnung durch und stellten fest, dass der Schreck durch die grelle rote Farbe der Chemoflasche ausgelöst worden war. Aufgrund meiner Erfahrung mit der Kinesiologie wusste ich, dass Schocks aufgelöst werden müssen. Eine einmal gespeicherte Angst dringt immer wieder ins Bewusstsein und hat negative Auswirkungen auf die Gesundheit.

Ich suchte über den Armtest die entsprechende Augenstellung und löste den Stress mit Hilfe eines Pendels auf. (Die verschiedenen kinesiologischen Methoden können in jedem Kinesiologiebuch nachgelesen werden, sie sind nicht Inhalt dieses Berichtes.)

Von diesem Zeitpunkt an erholte ich mich immer besser von meinen Strapazen. Ich konnte kleine Verrichtungen schon selbst erledigen und freute mich über jeden Fortschritt, den ich machte. Bei den Terminen mit Frau Kähn war ich jedesmal neu überrascht über die gezielten und treffenden Maßnahmen, die sie bei mir vornahm.

22.2.2000

Unsere Treffen wurden für mich zu einer liebgewordenen Gewohnheit. Ich dachte mir während dieser Zeit manchmal: „Schade, wenn die Krankheit vorbei ist, dann haben wir keinen Grund mehr für unsere Zusammenkünfte." (Diese Gedanken haben sich nicht bestätigt, unsere Treffen bekamen einen ganz anderen Stellenwert: Wir sprachen wöchentlich einmal mit der geistigen Welt und stellten ihr hunderte von Fragen. Dabei ging es um rein private Angelegenheiten, um heilerische Tätigkeiten, vor allem aber um Fragen über die geistige Welt.)

Als Erstes testete ich die Glaubenssätze ab. Sie hatten immer noch ihre Gültigkeit.

Frau Wieser hatte sich vor unserem Termin vom Arzt die optimalen Blutwerte sagen lassen und wir programmierten sie nun gedanklich in den Körper.

Wir fingen an, eine imaginäre Reise durch den Körper zu machen. Dazu „bereisten" wir alle Organe einschließlich Haare, Venen, Nervenbahnen usw. und versorgten sie mit Liebe und Energie. Diese Fantasiereisen taten Frau Wieser immer sehr gut und nahmen ihr die vorhandenen Ängste. Ich war oft selbst überrascht, dass mir hier jedes Mal eine neue Geschichte einfiel. Mittlerweile weiß ich aber, dass diese Ideen von meiner geistigen Führung übermittelt wurden.

Wir traten kurze Zeit später mit der geistigen Welt in Verbindung und lernten unsere geistigen Führer kennen. Doch davon später.

Bei Angst trennt man sein Ich gedanklich vom Göttlichen ab. Man konfrontiert sich ständig mit ihr. Wenn es aber gelingt, diese Angst und unsere negative Einstellung zu ändern, werden wir sie beseitigen.
Immer wieder wurde unsere Geduld auf die Probe gestellt. Geduld zu haben bedeutet, an den göttlichen Plan zu glauben. Ungeduld bedeutet, weder an sich noch an den göttlichen Plan zu glauben.

Ich testete bei Frau Wieser alle Zähne ab, um eventuelle Krankheitsherde (die vom Zahnarzt behoben werden müssten) festzustellen. Es war aber alles in Ordnung.

Durch mein Arbeiten mit der Kinesiologie wusste ich, dass Krebs in vielen Fällen psychische Ursachen hat. Emotionen sind primär „elektrische“ Ereignisse im Gehirn und im Nervensystem. Diese führen immer zu einer Ausschüttung von verschiedenen Transmittern und anderen Kommunikationssubstanzen. Man nennt sie Neuropeptide. Diese Neuropeptide übertragen Informationen im Kommunikationsnetz des Körpers. Sie haben aber auch noch eine andere Aufgabe: Sie können Krankheiten heilen oder verursachen. Dieses Wissen machte ich mir zu Nutzen. Wir lösten gedanklich krebsfördernde Neuropeptide auf, wir stärkten krebshemmende und sandten gesundmachende in den Körper.

Ich vermittelte Frau Wieser damals sehr viel von meinem Wissen. Es war uns beiden klar, dass diese Krankheit auch einen Zweck verfolgte. Jeder Mensch hat eine spezielle Lebensaufgabe, die selten etwas mit dem Beruf zu tun hat. Durch diese Lebensaufgabe bringt man einen anderen Teil seiner Identität zum Ausdruck. Ziel ist es, mit Gott eins zu werden, aber trotzdem noch sich selbst zu bleiben.

Bei der gedanklichen Reise durch den Körper stellte ich mir die göttliche Liebe als helles weißes und heilendes Licht vor, das der Reihe nach alle Teile und Organe meines Körpers durchflutete und alles Kranke durchleuchtete, bestrahlte und reinigte. Auch heute noch führe ich manchmal dieses „Lichtschicken" durch, wenn irgendwelche Ängste oder Beschwerden auftauchen. Ich bewunderte Frau Kähn wegen ihres Wissens und ihrer Intuition, Situationen sofort richtig zu erfassen und treffsicher zu bearbeiten.

Ich stellte mir immer wieder die Frage, welche Aufgabe ich durch diese Krankheit zu erfüllen habe. Mir ist klar, dass bei allem, was uns widerfährt, der Dienst am Nächsten und der Dank an die geistige Welt einfließen soll. Ich muss zuallererst Zeugnis von meiner Geschichte geben und alle Situationen aufzeigen, die zur Heilung beigetragen haben.

Oft flossen in unsere Sitzungen auch Fragen über aktuelle familiäre Probleme ein, die wir Dank unserer geistigen Führung stets mit guten Ratschlägen beantwortet bekamen und dann auch bewältigen konnten.

29.2.2000

Zunächst überprüfte ich bei Frau Wieser die Glaubenssätze vom letzten Mal. Sie hatten noch ihre Gültigkeit.

Nun testete ich die beiden Sätze „Ich bin in meiner Energie" und „Ich bin in einer anderen Energie" ab. Der erste Satz testete positiv und so sollte es auch sein. (Erklärung: Wäre „Ich bin in einer anderen Energie" positiv gewesen, so hätte man diese fremde Energie ablösen müssen. Dies geschieht immer mit Hilfe der geistigen Welt. Viele Menschen werden von fremden, meist negativen Energien geleitet, ohne sich dessen bewusst zu sein.)

Zu dieser Zeit zeigten sich bei Frau Wieser immer wieder starke Ängste. Wir sprachen deshalb ganz allgemein mit ihrem Körper. Dies geschah über ihre Hellsichtigkeit. (Erklärung: Man konzentriert sich innerlich ganz stark auf seinen Körper und nimmt mit ihm geistigen Kontakt auf. Das geschieht einerseits über Gedanken, andererseits über das Dritte Auge, das heißt, man kann seinen Körper mit geschlossenen Augen sehen.)
Die Kommunikation mit dem Körper ergab, dass Frau Wieser „Angst" durch „Vertrauen" ersetzen muss. Sie sollte sich bewusst machen, dass sie nicht immer wieder in alte Verhaltensmuster zurückfallen darf.

An dieser Stelle möchte ich die Grundlagen der von mir am häufigsten benutzten kinesiologischen Methode kurz darstellen: Es gibt fünf verschiedene Arten von Körpern, den physischen Körper, den elektrischen Körper, den mentalen Körper, den

Traumkörper und den Seelenkörper. Die meisten Erkrankungen entstehen auf der Ebene des mentalen Körpers. Einschränkende Glaubenssätze, die aus der frühesten Kindheit oder aus einer vorgeburtlichen Zeit herrühren, verstärken das Ganze. Es gibt auch oft Verstrickungen zwischen lebenden und verstorbenen Familienmitgliedern. Durch den Muskeltest erhalte ich sehr aussagekräftige Informationen über alle diese Bereiche und kann somit regulierend eingreifen.

Ich gehe so vor, dass ich Schritt für Schritt den Weg ins Unterbewusstsein erarbeite. Wir suchten den einschränkenden Glaubenssatz (negative Denkweise) und ersetzten ihn durch einen freimachenden Glaubenssatz. Wir versuchten, das Problem an der Wurzel zu packen, bewusst zu machen und durch ein bestimmtes Entkopplungssystem aufzulösen. Dadurch ändern sich Gedanken, Haltungen und Gefühle des Erkrankten. Er ist dann in der Lage, andere Entscheidungen zu treffen. Durch diese Bewusstmachung wiederum verändert sich seine Realität zum Positiven.

Dieses System verwende ich nicht nur bei Krebserkrankungen, sondern bei jeder anderen Art von Krankheit, aber auch bei Suchtproblemen (z. B. Rauchen), bei Gewichtsproblemen, Partnerschaftsproblemen und jeglicher Art von psychischen Belastungen.

Wir entkoppelten bei Frau Wieser einen sogenannten **u**nerlösten **s**eelischen **K**onflikt. (Bei einem USK handelt es sich um das Grundproblem der Krankheit, wobei man verschiedene Schichten wie bei einer Zwiebel aufzuarbeiten hat. Je tiefer die

Schicht, je wirkungsvoller die Behandlung. Ein Problem kann jederzeit mehrere Ursachen haben, d. h., es sind mehrere kinesiologische Behandlungen nötig.) Als wir den USK gefunden hatten, wurden ihr plötzlich Parallelen aus ihrer Kindheit mit ihrem jetzigen Leben bewusst. Es wurde uns beiden immer mehr der Sinn dieser Erkrankung klar.

Ich befasste mich immer mehr mit geistigen Themen und stellte fest, dass in meinem Freundes- und Bekanntenkreis viele Menschen mit gleichen Anschauungen und viel Wissen darüber lebten. Die Gespräche mit ihnen waren jedes Mal sehr schön - sie gaben mir viel und ich hoffe, dass auch ich etwas von meinem Wissen, meinem Glauben und meinen Erfahrungen vermitteln konnte.

Eine ganz liebe Freundin besuchte mich regelmäßig bei den Chemotherapien im Krankenhaus. Sie brachte mir Bachblüten, schöne Texte und positive Affirmationen mit. Wir kamen uns gefühlsmäßig sehr nahe.

Eine ehemalige Lehrerin besuchte mich im Februar und erklärte mir die „eurythmische Krebsreihe" nach Rudolf Steiner mit den Buchstaben O-E-M-L-I-B-D, die ich jeden Tag ausführte. (Es würde an dieser Stelle zu weit gehen, die Heileurythmie zu erklären.)

Bei all diesem Austausch - auf der Basis von Frau Kähns Wissen - schloss bzw. schließt sich der Kreis dieser Grundweisheiten, die in unserer Gesellschaft ziemlich verschüttet sind, immer mehr.

Frau Kähn machte mit mir Ende Februar ein Kinesiologie-Sitzung, die Aufschluss über bestimmte Gefühle und Zusammenhänge brachte. Ich brauchte immer eine gewisse Zeit um diese Erkenntnisse zu verdauen - es war absolutes Neuland, das ich betrat.

13.3.2000

Auch heute überprüften wir wieder die Glaubenssätze vom letzten Mal. Sie trafen noch zu. Ich suchte über den Armtest die geeigneten Bachblüten für den derzeitigen Gemütszustand von Frau Wieser. Diese Mittel wirken über die Psyche auf den Körper des Betroffenen. Ich teste sie lediglich aus und sie müssen dann in der Apotheke besorgt werden. Wir testeten auch die Chemo-Kette nach, sie hatte noch ihre richtige Zusammensetzung.
Nun sandten wir wieder gesundmachende Neuropeptide durch den Körper, lösten krankmachende auf und stärkten die krebshemmenden Neuropeptide.

Unser Armtest ergab, dass eine erneute Behandlung mit dem Thema der letzten Sitzung anstand. Dabei stellte sich heraus, dass das Grundproblem noch tiefer gesucht werden musste und dass die Blase energetisch unterversorgt war. Wir sandten ihr gedanklich viel Liebe und Energie. Unser Armtest ergab anschließend, dass die Blase durch die Behandlung ausgeglichen war.

Frau Wieser musste sich wieder ihre Organe vorstellen und ich testete sie alle nach. Der Magen und die Leber waren von der Chemo angegriffen und wir versorgten sie einzeln mit Energie. Wir sprachen mit ihnen und erklärten ihnen, dass Chemo einfach sein muss. Wir unterhielten uns sehr liebevoll mit ihnen und stellten fest, dass auch Organe Gefühle haben.

Während dieser Behandlung merkte ich, dass Frau Wieser ihre Aura sehen kann. Das bedeutet, dass sie in der Lage ist, mindestens die ersten sieben Schichten der Aura zu erkennen. Die Aura ist einerseits die Ausstrahlung des Menschen, andererseits ein Energiefeld, das alle Lebewesen und Gegenstände umgibt. Die Aura strahlt in verschiedenen Farben, sie kann aber auch Löcher oder dunkle Flecken haben. Sie umgibt den Körper als eine feinstoffliche Hülle und ist bis zu eineinhalb Meter stark. Der geübte Auraleser kann sich hieraus ein genaues Bild über den körperlichen und seelischen Zustand einer Person machen.

Die Behandlung aller Organe und ihre Stärkung tat gut. Wir teilten ihnen mit, dass die Chemotherapie zwar anstrengend, aber richtig sei. Wir sandten Schutz und Licht überall hin und ich stellte mir bildlich vor, wie sehr die Organe diesen Schutz empfangen und wie beruhigt sie der nächsten Chemo entgegengehen werden.

Ich war mir nie bewusst, dass das „Farbensehen“ in meinem Inneren etwas besonderes sein sollte. Ich wunderte mich zwar, dass mir in gewissen Situationen Farben „vorschwebten“, wusste dies aber nicht zu deuten, bis Frau Kähn mich darüber aufklärte, dass dies mit dem Aurasehen zu tun hatte.

24.3.2000

Wir verbanden uns gedanklich mit der Blase und schützten sie besonders vor den Nebenwirkungen der Chemo.

Ich testete die Chakren ab. Durch die ständige Stärkung waren sie in Ordnung.

Ich stellte fest, dass Frau Wieser nicht richtig zentriert war. Man hatte bei der brusterhaltenden Operation Gewebe des Unterbauches und des Nabelbereiches in die Brust nach oben geschoben. Diese Vorgehensweise ist zwar eine tolle Sache, doch der Körper kommt mit dieser Verschiebung allein oft nicht klar. In der Angewandten Kinesiologie gibt es verschiedene Übungen, mit denen man das ausgleichen kann. Der Körper kommt dadurch wieder ins Gleichgewicht, das heißt, er ist wieder richtig zentriert.
Operationen hinterlassen zusätzlich starke Spuren im Energiefeld. Die veränderten Gewebe, die einander berühren, transformieren die Energie anders als zuvor. Hier kommt es sehr oft zu einer Streuung der Energie, anstatt zu einer Transformation. Ich versuchte, die richtige energetische Versorgung aller Gewebeteile wieder herzustellen und in den ursprünglichen Zustand zu bringen. Ich bin überzeugt, dass es mir auch gelang.
Nachdem auch der Nabel entfernt wurde, hatte man dem Körper hier symbolisch seine Mitte genommen. Auch hier spricht man von Zentrierung. Menschen, die nicht in ihrer Körpermitte sind, haben Schwierigkeiten mit ihrem Gleichgewicht. Ich gab

dem Körper gedanklich seine Mitte zurück, worüber er sehr dankbar war.

Bei dieser Sitzung wurde die Blase (die auch stellvertretend für die Geschlechtsorgane steht) besonders geschützt. Ich muss sagen, dass ich seit meiner Jugend mit dem Unterleib Probleme hatte.
Meine Körperempfindungen hatten durch die beiden Operationen nur wenig gelitten. Nach der Korrektur von Frau Kähn fühlte ich keinerlei Einschränkungen in Gleichgewicht, Erregbarkeit und Empfindsamkeit mehr. Alles ist in Ordnung. Auch optisch akzeptiere und liebe ich mich voll und ganz - beinahe mehr als früher!

30.3.2000

Heute erhielt ich einen ziemlich verzweifelten Anruf von Frau Wieser. Sie sagte, sie müsse für ein paar Tage ins Krankenhaus, weil ihre Leber nicht in Ordnung sei. Ich machte mir sofort meine Gedanken. Diese Feststellung des Arztes traf mich genauso wie Frau Wieser, denn ich hätte die Veränderung der Leber erkennen müssen. Zehn Minuten später rief ich Frau Wieser zurück und sagte, dass ich jetzt gleich zu ihr kommen werde, um die Leber zu überprüfen.
Ich testete das Organ kinesiologisch ab, für mich war es in Ordnung. Wir holten uns die Leber nun über das Dritte Auge und sprachen mit ihr. Sie sagte uns: „Es ist nur eine ganz normale Reaktion auf die Chemo, völlig harmlos." Frau Wieser solle viel trinken und keine Angst haben.

Ich denke, diese Aussage half Frau Wieser am nächsten Tag einigermaßen entspannt ins Krankenhaus zu fahren (eine Restangst bleibt immer). Ich traute am Abend meinen Augen kaum, als eine strahlende Frau Wieser bei mir erschien. Unsere Diagnose deckte sich fast wörtlich mit der des Arztes.

Ich hätte an diesem Tag die ganze Welt vor Glück umarmen können.

Hier merkte ich wieder ganz stark, wie wichtig es ist, in meine Arbeit und in die geistige Welt absolutes Vertrauen zu setzen.

Frau Wiesers geistiger Führer hat uns zu einem späteren Zeitpunkt einmal gesagt: „Man muss es selbst erleben, dass der Zweifel sinnlos ist, nur so stärkt man das Vertrauen."

Eigentlich sollte ich zu diesem Zeitpunkt wieder ins Krankenhaus zur Chemotherapie. Da jedoch die Blutwerte nicht ganz stimmten (mein Körper brauchte jedes Mal eine Woche länger zur Erholung als üblich), wurde der Termin um eine Woche verschoben. Eine halbe Stunde nach dieser Absage rief mich die Klinik aber nochmals an. Man teilte mir mit, dass ich doch kommen müsse, weil die Leberwerte nicht in Ordnung wären. Das traf mich wie ein Schlag. Die Leber - ein wichtiges Organ - und im Hinterkopf das Wissen, dass Brustkrebs in erster Linie auf Lunge, Knochen und eben auf die Leber geht!

Das waren immer wieder Momente, in denen der Zweifel nicht mehr nagt, sondern frisst!

In meiner Not rief ich Frau Kähn an. Sie kam ein paar Minuten später zu mir und testete die Leber ab. Dann sprachen wir auch noch mit ihr. Frau Kähn meinte, es wäre alles nur eine Reaktion auf die vorausgegangene Chemo, sonst aber harmlos.
Im Krankenhaus wurde eine Ultraschalluntersuchung vorgenommen und es stellte sich heraus, dass die schlechten Leberwerte wirklich nur eine ganz normale Reaktion auf die Chemotherapie waren. Ich sollte zur Unterstützung der Leber viel trinken.

Ich war unendlich dankbar und berichtete alles sofort Frau Kähn, damit sie an meiner Freude teilhaben konnte.
Ähnliche Erlebnisse hatten wir später bei verschiedenen körperlichen Signalen immer wieder. Das Organ gab uns vorher schon präzise Auskunft über die ärztliche Diagnose und sie stimmte dann auch immer mit ihr überein.

11.4.2000

Alles Belastende erzeugt im Körper wieder Möglichkeiten, die Krankheit erneut zu schüren. Der Schock von voriger Woche (die Leber sei eventuell krank) saß bei Frau Wieser noch tief. Es handelte sich hier um einen unbewussten Schock, da vom Bewusstsein her die Situation ja geklärt war (ähnlich wie der Schock mit der Chemoflasche). Ich suchte mir wieder über den Armtest die richtige Augenstellung und löste das Ganze durch die Bewusstmachung und das Pendel auf.

Ich musste das Pendel dreimal schwingen. Beim ersten Durchgang erlebte Frau Wieser die Angst dieser falschen Mitteilung erneut, beim zweiten Durchgang wurde die Angst in ein unangenehmes Gefühl umgewandelt und beim dritten Durchgang verschwand auch dieses Gefühl und es breitete sich Zufriedenheit aus.
Mit dieser Methode können fast alle Schocks innerhalb von wenigen Minuten gelöst werden. Ich frage mich, warum so einfache Methoden der Angewandten Kinesiologie nicht mehr verwendet werden.

Auch heute ließen wir Frau Wiesers „Röntgenaugen" in ihren Körper reisen. Wir holten uns das „Vertrauen" und sprachen mit ihm. Organe und Gefühle wurden von uns immer als ganz reale Gesprächspartner behandelt. Das „Vertrauen" erinnerte Frau Wieser daran, dass sie auf dem richtigen Wege sei und dass sie nicht traurig sein sollte, wenn „Vertrauen" zeitweise wieder in „Angst" umkippt. Hier handelte es sich um eine absolut verständliche menschliche Reaktion.

In der Angewandten Kinesiologie testet man gerne Lebensmittel hinsichtlich ihrer Verträglichkeit aus. Frau Wieser brachte Tomaten und Zucker aus dem eigenen Haushalt mit. Unser Test ergab keine Unverträglichkeiten.

Anschließend machten wir noch eine „Reise durch den Körper". Wir versorgten wieder alle Organe, Haare, Venen, Nerven usw. mit Energie. Frau Wieser sah bei jeder „Station" den dazugehörigen Bereich.

Die Geburten der Kinder, aber auch die eigene Geburt, lösen sehr oft einen unbewussten Schock aus. Ich überprüfte Frau Wiesers eigene Geburt und die ihrer drei Kinder. Mein Armtest ergab, dass die Geburt des ersten und des dritten Kindes negative psychische Spuren hinterlassen hatte. Ob diese Erlebnisse zusätzlich belastend auf ihre Krankheit wirkten, weiß ich nicht. Ich weiß nur, dass es für jedermann gut ist, den Stress auf diese Ereignisse aufzulösen. Ich nahm erneut mein Pendel und nach jeweils drei Durchgängen war das Problem gelöst.

Der Muskeltest teilte mir heute mit, dass Frau Wieser neue Bachblüten benötigte. Ich testete drei Blüten aus, sowie die jeweilige Tagesmenge und die Dauer der Einnahmezeit. Bachblüten können verdünnt oder unverdünnt eingenommen werden. Je stärker sie verdünnt werden, je größer ist ihre Wirkung im geistigen Bereich. Nimmt man sie pur ein, wirken sie mehr auf der körperlichen Ebene.

Der Frühling kam ins Land und ich hatte die Hälfte meiner Chemotherapie hinter mir. Ich kann mich noch sehr genau an eine Situation voller Hoffnungslosigkeit erinnern. Ich säuberte gerade das Badezimmer und plötzlich überfiel mich eine bodenlose Traurigkeit und Verzweiflung. Ich fing an hemmungslos zu weinen. Das brachte mir Erleichterung. Es überkam mich wie ein Blitz aus heiterem Himmel. Anschließend machte ich mir über die Ursache dieser Gefühle Gedanken. In diesem Moment wurde mir bewusst, dass einem diese Krankheit nie mehr ganz loslässt. Sie ist ständiger Begleiter, ständiger Mahner und Warner. Sie hält einen ständig in Atem und lässt kein Nachlas-

sen, keine Lauheiten und keine Oberflächlichkeiten zu.

An meinem zweiundvierzigsten Geburtstag kam ich von der vierten Chemo nach Hause. Es ging mir verhältnismäßig gut. Zu dieser Zeit beschloss ich auch, dem Kirchenchor beizutreten. Ich konnte zu Ostern das erste Mal in einer Heiligen Messe mitsingen. Es war für mich ein erhebendes Gefühl, in diesem feierlichen Rahmen die Messe zu Ehren Gottes mitgestalten zu dürfen.

Frau Kähn erklärte mir, dass es wichtig ist, die Falschinformation des Krankenhauses über die Leber zu revidieren. In drei Durchgängen löste sie mir Schritt für Schritt diesen Schock auf.
Beim ersten Durchgang spürte ich die Angst sehr stark und glaubte, sie bekämpfen zu müssen. Es gelang mir aber nicht. Wie gut tat es zu erfahren, dass wir unsere Ängste zuerst annehmen müssen um sie dann abgeben zu können.
Beim zweiten Durchgang merkte ich, dass diese Angst nur noch ganz schwach vorhanden war.
Beim dritten Durchgang machte sich eine vollkommene Erleichterung breit.

Zur Angst möchte ich noch erwähnen, dass es mir sehr viel hilft, wenn ich ein Gebet spreche. Vor allem nachts beruhigt es mich und ich schlafe wieder ein.

Die Geburten meiner Kinder waren mir nicht in unangenehmer Erinnerung. Es waren leichte und schöne Geburten. Hier verließ ich mich einfach auf Frau Kähns Wissen bzw. auf die Aussage meines Körpers.

Wir testeten auch Bachblüten aus. Ich bin ein großer Verehrer dieser Blütenessenzen. Mehr und mehr spüre ich die Kraft, die in dieser Gabe Gottes wirkt.
Auf die „Reisen durch den Körper“ freute ich mich jedes Mal besonders, denn es tat unheimlich gut, wenn sich Licht und Wärme bis in die letzten Zellen des Körpers ausbreiteten. Ich begann, diese Körperreisen auch alleine zu unternehmen.

30.4.2000

Heute hatten wir ein wunderbares Erlebnis: Der erste persönliche Kontakt mit meiner geistigen Führung!
Jeder Mensch hat eine geistige Führung. Das ist ein Energiewesen, das nicht mehr an unsere Begrenzungen gebunden ist. Der geistige Führer lebte vor Zeiten als Mensch auf unserer Erde und hat alle Inkarnationen hinter sich. Ihm ist es aufgrund des Erkennens des göttlichen Planes gelungen, sein Erdenleben abzuschließen und sich bewusstseinsmäßig auf die höchste erreichbare Stufe begeben. Das Endziel des geistigen Führers ist es, nach geraumer Zeit wieder in die Göttlichkeit zurückzukehren. Geistige Führer leben in der absoluten Freude, es gibt für sie nichts Negatives mehr, sie sind vollkommen. Ihre Aufgabe ist es, den Menschen zur selben Vollkommenheit zu führen.

Frau Wieser konzentrierte sich auf meine Führung. Vor ihrem geistigen Auge erschien die Farbe lila, das war ihr optisches Zeichen für den Kontakt zur geistigen Welt. Wir begrüßten ganz erfreut unseren „hohen Besuch“.

Den ersten Satz, den mein geistiger Führer sprach, werde ich nie vergessen: „Du bist vollkommen lichtdurchflutet" (er meinte mich). Diese Mitteilung löste eine unsagbare Freude in mir aus.

Außerdem sagte er mir noch, dass ich mit sehr hohen geistigen Mächten zusammenarbeite und Frau Wieser sollte mich nochmals daran erinnern, dass ich „lichtdurchflutet" bin.
Meine Freude und mein Glücksgefühl lassen sich schlecht in Worte ausdrücken. Ich konnte es kaum fassen, die geistige Welt nimmt mit mir Verbindung auf! Immer wieder fragte ich mich: „Warum gerade mit mir?" Eine Antwort darauf erhielt ich später in einem unserer zahlreichen Gespräche.

Frau Kähn und ich kamen immer mehr mit der geistigen Welt in Kontakt. Ich bin fest davon überzeugt, dass die geistige Welt genauso existiert wie die reale, sichtbare Welt. Meine früheren Kontakte beschränkten sich auf Gebete, auf meinen Glauben und auf das Vertrauen in die göttliche Führung. Bei unserer regelmäßigen Arbeit öffnete sich für Frau Kähn und mich ein riesiger, neuer Bereich und wir erhielten ungeahnte Informationen. Beim ersten Kontakt mit der geistigen Welt erschien mir die Farbe lila. Sie stellte das Bindeglied zu ihr dar. Bei späteren Kontakten entwickelte ich immer mehr ein konkretes Gefühl für die Ausstrahlung des geistigen Führers.

2.5.2000

Heute überprüften wir wieder Frau Wiesers Chakren. Auf Grund ihrer täglichen Einstellung waren sie energetisch voll aufgeladen. Das war mit Sicherheit der Grund, warum Frau Wieser die Strapazen der Chemo relativ gut überstand und die Organe keinen Schaden nahmen. Die Blutwerte wurden wieder optimal eingestellt.

Wir machten eine Reise durch den Körper und alle Organe wurden geistig nochmals geschützt.

Wir holten uns über das Dritte Auge den Körper und erklärten ihm, dass wieder eine Chemo anstünde und dass sie eine ärztliche Anweisung sei, der wir uns nicht widersetzen könnten. Der Körper konnte das akzeptieren und sagte: „Ich habe genügend Kraft, um alles gut zu überstehen."

Als Nächstes fragten wir über den Armtest, ob wir den Krebs „auflösen" dürfen. Es hieß „Ja", aber erst in vier Wochen.

Frau Wieser glaubte, in ihrer Gebärmutter eine kleine Veränderung zu verspüren. Wir konzentrierten uns gedanklich darauf und der Sprechkontakt mit ihr war gelegt. Sie sagte uns, dass alles in Ordnung wäre. Es wäre aber noch sehr wichtig, dass Frau Wieser sich weiterhin auf diese Weise mit ihrer Krankheit beschäftigt.
Frau Wieser hatte auch den Eindruck, dass mit ihrer rechten Brust etwas nicht in Ordnung sei. Sie schaltete wieder ihre Hellsich-

tigkeit ein und kontaktierte damit. Wir wurden von der Brust beruhigt. Es wäre nur eine kleine harmlose Veränderung. Vierzehn Tage später musste Frau Wieser zum Arzt und sprach dieses Thema an. Nach einer Untersuchung wurde vom Arzt die gleiche Feststellung getroffen.
Wieder ein kleiner Erfolg für uns! Ich stärkte mein Vertrauen auf diese Art und Weise immer mehr.

Immer wieder machten mir Unregelmäßigkeiten meines Körpers zu schaffen. Zu dieser Zeit beunruhigten mich Schmerzen und tastbare Veränderungen in meiner rechten (gesunden) Brust. Wir sprachen mit ihr und erhielten die Auskunft, dass es sich nur um eine hormonelle Veränderung handelt. Die selbe Auskunft erteilte mir auch mein Arzt, der dies als harmlose Mastapathie diagnostizierte. Das war für mich eine große Erleichterung und eine große Freude.

An dieser Stelle möchte ich mich bei einer ganz lieben Freundin aus München bedanken. Sie besuchte mich bei jedem Krankenhausaufenthalt und stand mir in vielen Dingen spirituell zur Seite. Durch sie durfte ich in vielfältiger Weise das Wirken der geistigen Welt erfahren und auch verstehen. Wir sind immer noch in häufigem Kontakt und ich glaube, dass wir uns gegenseitig noch sehr viel geben können. Auch ein befreundetes Ehepaar fand immer Zeit mich zu besuchen und aufzuheitern. Ich denke gerne an unsere wunderschönen Spaziergänge, an unsere gemütlichen und fröhlichen Kaffeehausbesuche sowie an ihre mitfühlende und aufbauende Art. Es ist schön, so gute Freunde haben zu dürfen. Eine ehemalige Kollegin kümmerte sich eben-

falls ganz lieb um mich. Auch sie fragte oft telefonisch nach meinem Befinden und machte lange Krankenhausbesuche.

Durch diese Erfahrungen wurde meine Krankheit sogar zu einem schönen Erlebnis, so paradox das auch klingen mag.

Ich könnte seitenweise aufschreiben und berichten, wie sehr die Teilnahme von anderen auf das Wohlbefinden und auf den ganzen Heilungsprozess Einfluss nehmen.

Ich erhielt auch viele Anrufe von Schwester H. und Hilfe in Form von Medizinfläschchen aus Ungarn von Schwester G. Dazu kamen viele Briefe und Besuche von Kolleginnen und Freunden sowie Nachfragen und gute Wünsche von Nachbarn.
Mein besonderer Dank gilt meiner Familie: An erster Stelle meinem Mann, der alle Höhen und Tiefen mit mir durchlebte und mir immer bedingungslos zur Seite stand. Aber auch den Kindern, die versuchten so selbständig und „gut" wie möglich zu sein, auch wenn sie die ganze Situation bestimmt nicht verstehen konnten.
Auch meinen Brüdern, die sich viel Sorgen um mich machten, danke ich an dieser Stelle.
Mein Dank gilt nicht zuletzt meiner Mutter, die selbst schon sehr viel Leid in ihrem Leben erfahren hat und trotz alledem ihren Mut, ihre Zuversicht und ihre Energie nicht verlor. Sie nahm mir sehr viel Arbeit im Haus und mit den Kindern ab und befreite mich dadurch von mancherlei Sorgen.

Ihnen allen sei Dank für ihren Beitrag zu meiner Gesundung!

5.5.2000

Wir hatten uns beim letzten Treffen vorgenommen, das nächste Mal eine Kirche zu besuchen. Ich hatte einfach das Gefühl, wir sollten uns bei der Mutter Gottes für ihre Hilfe bedanken.

Seit ein paar Tagen ging es mir nicht besonders gut. Bei mir kamen nicht nachvollziehbare Ängste hoch und ich hatte damals noch keine Möglichkeiten, damit umzugehen. Ich bat Frau Wieser, mit meiner Angst Kontakt aufzunehmen und mit ihr zu sprechen. Die Angst erschien vor ihrem geistigen Auge als große dunkle Wolke. Wir erhielten die Auskunft, dass sie bei mir keine Chance hätte, da die Hilfe der geistigen Welt sehr stark wäre. Während des Gesprächs löste sich bei mir die Angst auf. Frau Wieser sah dabei kleine rosa Wolken, die sich verflüchtigten. Ich selbst spürte, wie diese Beklemmungen von mir wichen und ich frei wurde. Agilus empfahl mir noch ein bestimmtes Buch, in dem ich die Hintergründe solcher Ängste nachlesen könnte. Diese Information war für mich sehr wichtig, da sehr viele Menschen unter Ängsten leiden.

An diesem Tag trafen wir uns in einer Ingolstädter Kirche Es war die gleiche Kirche, in die mein Mann und ich Trost suchten, als wir die Diagnose „Brustkrebs“ erfahren hatten. Wir saßen vor dem Gnadenbild der Mutter Gottes und beteten einige Zeit, bevor wir miteinander redeten. Dieses Gespräch ist mir noch ganz gegenwärtig. Frau Kähn erzählte mir von einer Angst, die sie ergriffen hatte und mit der sie alleine nicht klar kam. Ich nahm über mein geistiges Auge Kontakt mit dieser Angst auf. Sie erschien mir als tiefschwarze, angsteinflößende Gewitterwolke. Wir erhielten „von oben" die Auskunft, dass diese Angst keine Chancen hätte, da die Hilfe der geistigen Welt sehr stark sei. Kurz darauf lösten sich diese schwarzen Wolken mehr und mehr auf und verschwanden schließlich endgültig.

9.5.2000

Die nächste Chemo stand vor der Tür. Ich sagte Frau Wieser, sie sollte auf die Chemoflasche mit einem Stift „**Reine Liebe**" schreiben. Damit nimmt sie der Chemo alles Negative und verwandelt sie ins Positive.
Frau Wieser erzählte mir, dass sich bei der letzten Chemo der Arzt sehr schwer tat, eine Vene zu finden. Er musste mehrere Male stechen und dabei hatte sie große Angst.
Wir stellten uns gedanklich auf die Venen der Arme und der Hände ein und sprachen mit ihnen über die nächste Chemo und über das zu erwartende Problem. Ich bat die Venen, sich zu öffnen und dem Arzt zu signalisieren, wo er stechen muss.

Frau Wieser berichtete mir von einem Gespräch mit einer Bekannten, das sie persönlich sehr belastete. Diese hatte ihr erzählt, dass die fünfte Chemo die Schlimmste wäre. Ich glaube, ich brauche die Gedanken, die in ihrem Kopf kreisten, nicht aufzuschreiben, hatte sie doch genau diese fünfte Chemo vor sich. Ich ärgerte mich über die Gedankenlosigkeit mancher Leute und machte Frau Wieser klar, dass die Probleme der anderen nicht unsere Probleme sind. Wir haben unseren ganz persönlichen Schutz und deshalb treffen uns solche Situationen nur am Rande.

Anschließend führten wir eine Reise durch den Körper durch. Wir sprachen mit den Organen und Frau Wieser holte sie wieder über das Dritte Auge. Aufgrund dieser Tätigkeit merkte sie, dass der Körper so gut geschützt und gestärkt ist, dass er auch diese Chemo ohne größeren Schaden hinter sich bringen kann.

Beim Verabschieden hatte ich ein gutes Gefühl und war schon neugierig, wie es ihr wohl ergehen würde.

Die fünfte Chemotherapie bestand bevor und mit ihr die Furcht, ob auch alles gut gehen würde. Viermal hatte ich es schon hinter mich gebracht. Ich schrieb mit einem Rotstift ***Reine Liebe*** *auf die Infusionsflasche. Rot fiel nicht auf, da der Inhalt der Flasche auch rot war. Danach war mir bedeutend wohler. Ohne größere Komplikationen fand der Arzt die richtige Vene. Während der Infusion stellte ich mir bildhaft vor, dass* ***Reine Liebe*** *durch meinen Körper fließt. Die Tage danach ging es mir bis auf einen ganz gut. Ich war zufrieden und hatte nur noch eine Chemo zu bestehen.*

18.5.2000

Die Zeit verging unendlich schnell. Wir hatten schon wieder Mai. Da ich schon lange in keiner Maiandacht mehr gewesen war, fragte ich Frau Wieser, ob wir nicht mal gemeinsam in die Kirche gehen könnten. Es war ein sonniger, warmer Tag und wir fuhren mit den Rädern zum Gottesdienst.
Nach dem Gottesdienst suchten wir uns einen Marienaltar und nahmen mit meinem geistigen Führer Kontakt auf.

Als Erstes fragte ich ihn nach seinen Namen. Er erzählte uns, dass er **Agilus** heißt. Ich erinnere mich noch gut an diesen Tag. Als ich nach Hause kam, schrieb ich mir seinen Namen sofort in einen Kalender, weil ich glaubte, ich würde ihn sonst vergessen.
Agilus erzählte uns auch noch, dass wir den Krebs gebannt hätten. Frau Wieser sollte mir durch ihre Hellsichtigkeit weiterhelfen. Wir sollten unsere Geschichte niederschreiben und unser Wissen anderen vermitteln. Ich dankte Agilus für den Abzug des Bienengiftes aus meiner rechten Hand. (Ich hatte eine stark schmerzende und geschwollene Hand, deren Ursache mir unbekannt war. Agilus sagte mir, dass es ein Bienenstich gewesen sei und ich müsste ihn nur um Hilfe bitten. Ich tat, was er sagte und innerhalb einer halben Stunde waren Schmerz und Schwellung abgeklungen.)
Ein ähnliches Erlebnis hatte ich zwei Tage später. Ich verspürte sehr massive Rückenschmerzen. Abends im Bett führte ich ein Gespräch mit Agilus und bat ihn wieder, mir den Schmerz zu nehmen. Ich merkte von einer Minute zur anderen, wie die

Schmerzen immer leichter wurden und nach einer kurzen Zeit war ich vollkommen schmerzfrei.

Es war ein herrlicher Maiabend. Ich hatte nach diesem Kontakt mit der geistigen Welt ein wunderbares Gefühl. Trotzdem fiel es mir schwer, das alles glauben zu können. Ich zweifelte an mir und an den mir geschenkten Fähigkeiten.

Diese beiden Erlebnisse halfen mir trotz der Zweifel, die am Anfang immer wieder hochkamen (was ist, wenn ich mir das alles nur einbilde?), meinen Glauben an die geistige Welt zu stärken.

Ich arbeite viel mit Schutzengeln. Agilus erzählte uns, dass diese Schutzengelkontakte in Ordnung seien. Ich solle die Leute darauf ansprechen, ihnen aber Zeit zum Überlegen geben. Mit Menschen, die von sich aus auf mich zukommen, dürfte ich gleich auf diese Weise arbeiten.

24.5.2000

Ich testete bei Frau Wieser verschiedene Stoffe aus und stellte dabei eine Lösungsmittelun-verträglichkeit (u. a. Zusätze in Kosmetikas) fest. Zu dieser Zeit behandelte ich solche Unverträglichkeiten noch mit einer kinesiologischen Methode, die nicht immer erfolgreich war. Auch bei Frau Wieser konnte ich sie auf diese Weise nicht beseitigen. (Heute übergebe ich

dieses Problem der geistigen Welt und löse es damit für immer auf.) Anschließend holten wir uns auf der geistigen Ebene das Vertrauen in ihre Gesundheit und stärkten es.
Wir testeten über unseren Armtest aus, dass wir auch Frau Wiesers Führung holen dürften. Eine genaue Nachfrage ergab, dass der richtige Zeitpunkt dafür Mitte Juni wäre. Für diese Zeit hatte sie einen Kuraufenthalt am Chiemsee und ich beschloss, sie dort zu besuchen.

30.5.2000

Heute war unser schönster Tag. Wir durften den Krebs geistig auflösen.

Ich hatte mir vorher schon vier Schritte zurecht gelegt, wie ich die Auflösung handhaben würde:
1. Über die Liebe
2. Über das Handauflegen
3. Über das Segnen
4. Über das Bedanken.

Agilus war sicher mein unbewusster Helfer.

Nach diesem Muster ging ich vor, ganz im Vertrauen auf meine geistige Führung. Ich verließ mich vollkommen auf Agilus. Mir würden schon die richtigen Worte einfallen. Genauso kam es dann auch.

Zu Beginn arbeitete ich mit der Liebe. Die Liebe ist die stärkste Macht auf unserer Welt. Ich wandelte die negative Energie des Krebsherdes in positive Energie der Liebe um. Dieser Einfall kam mir plötzlich während der Behandlung (ich denke, ich brauche nicht zu erwähnen, woher er kam). Agilus stand während der ganzen Zeit hinter mir und legte seine Hände auf meine Schultern. Auch der geistige Führer von Frau Wieser stand hinter mir. Sie selbst saß während der ganzen Behandlung da und verfolgte alles mit ihrem Dritten Auge.

Nun legte ich meine linke Hand auf ihre linke Brust und meine rechte Hand auf ihre rechte Kopfseite. Ich bat nun Agilus um seine Energie. Frau Wieser und ich spürten gleichzeitig, wie diese Energie lief. Es breitete sich bei uns eine angenehme Wärme und ein wunderschönes Wohlgefühl aus.

Während des Segnens sah Frau Wieser ihren Vater, ihre Oma, eine Cousine (alles Verstorbene) und andere, unbekannte Seelen. Es herrschte eine frohe Stimmung, alle hielten sich an den Händen. Ich bat um den Segen und unsere beiden geistigen Führer gaben ihn.

Zum Abschluss bedankten wir uns. Ich setzte mich neben Frau Wieser und wir hielten uns an den Händen. Auch unsere geistigen Führer traten in diesen Kreis ein. Wir besprachen nochmals alle Erlebnisse von Dezember bis heute und bedankten uns für alles.

Heute flossen das erste Mal Tränen. Es waren aber keine Tränen der Trauer, sondern des Glücks.

Vielleicht erscheint es manchen unwahrscheinlich, die negative Energie des Krebsherdes in positive Liebesenergie umzuwandeln. Es ist aber die einzig richtige Möglichkeit, damit umzugehen. Man darf niemals gegen den eigenen Körper bzw. gegen die eigenen Körperzellen Krieg führen. Es wäre ein fatales Unterfangen, das immer in der Selbstzerstörung enden würde. Es ist vielmehr angebracht Frieden zu schließen und Liebe walten zu lassen. Liebe verwandelt alles ins Gute. Man geht mit sich gut um. Man hasst nichts an sich. Man verzeiht seinem Körper die Entgleisung, man versteht seine Warnsignale und versucht daraus, eine Lehre zu ziehen und seine Chance zu sehen. Wenn man mit der geistigen Welt verbunden ist, fällt dieser Weg leicht.
Beim Handauflegen durch Frau Kähn empfand ich eine unsagbare Wärme, die gleiche Wärme, die ich auch beim Handauflegen eines Priesters bei einer Krankensalbung erfuhr. Christus hat vielen Menschen die Hände aufgelegt, um sie zu heilen. Alle Menschen wären in der Lage, auf diese Weise zu heilen. Jede Mutter macht das instinktiv bei ihrem kranken Kind. Viele Kulturen kennen diese oder ähnliche Rituale. Auch in den Religionen ist sehr viel Wissen über die geistige Welt vorhanden.
Das Segnen empfand ich als wohltuende Gnade. Ich sah meinen Vater, meine Cousine, meine Großmutter, aber auch andere mir unbekannte Seelen. Es lag Freude, Frohsinn und ein gewisses Gefühl des Triumphes im Raum. Ich spürte die uns alle verbindende Liebe und es fällt mir immer leichter, an das Einssein aller zu glauben.
Beim Danken fassten wir gedanklich unsere geistigen Führer an den Händen und dachten an das vergangene halbe Jahr.

Ein großartiges Gefühl der Dankbarkeit machte sich in mir breit, ein Gefühl, das ich immer wieder spüren darf. Schon beim Aufstehen empfinde ich oft Gedanken wie „Ich darf leben, ich darf erleben! Kein Tag ist ein schlechter Tag, jeder Tag ist eine neue Chance und ein neuer Anfang!" Muss man da nicht Freudentränen vergießen?

Da die Krebsauflösung zwei Stunden gedauert hatte, beschlossen wir, uns am Abend noch einmal zu treffen, um Agilus Fragen zu stellen.

Eine große Hilfe ist es, vor oder während jeder einzelnen Behandlung mit Agilus in Kontakt zu treten. Seine Informationen bilden dann die Grundlage meiner Arbeit. Agilus teilte uns auch mit, dass er im Laufe der Zeit ein „Urwissen" vermitteln wird, das Frau Wieser und ich in diesem Buch an die Allgemeinheit weitergeben sollen. Das wird in Form von Frage und Antwort geschehen.

Agilus erzählte mir, dass ich heuer im Urlaub (in Südfrankreich) viele schöne Erlebnisse mit ihm haben werde. Wir planten bereits im zeitigen Frühjahr unser Urlaubsziel. Beim Studium von Zeitungsanzeigen wählten wir ein Angebot aus und baten um nähere Informationen. Wir erhielten Prospekte über ein Ferienhaus in St. Aygulf in der Nähe von St. Tropez. Wenn diese Namensähnlichkeit kein Zufall ist!
Ich wusste vom ersten Augenblick an, dass die Kirche in St. Aygulf für mich ein wichtiges Ziel sein würde.

Heute begannen wir, unseren geistigen Führern Fragen zu stellen. Es sollten im Laufe der Zeit mehrere hundert werden! Die Fragen ergaben sich von Woche zu Woche neu, so dass sie nicht nach Themen geordnet sind, sondern aus der Situation heraus entstanden. Vor allem die Fragen über die geistige Welt ergaben sich oft aus den Antworten der Vorwoche. Auch aktuelle Anlässe wurden über Agilus hinterfragt.

Meine erste Frage lautete: „Wie geht das Heilen mit den Händen?"
Agilus antwortete: „Ich stehe hinter dir und gebe dir meine Energie. Denke daran, was du tust, aber konzentriere dich nicht zu stark. Beim Fernheilen über das Telefon sollst du aber sehr konzentriert arbeiten."

F.: „Wie sieht mein persönlicher Schutz während einer Behandlung aus?"
A.: „Hülle dich vor der Behandlung in weißes Licht ein. Hole dir während der Behandlung gute Energie und Gedanken von mir. Reinige während oder nach der Behandlung die Atemwege und atme dabei meine gute Energie ein und schlechte Energie aus. Der beste Schutz jedoch ist ein Gebet vor, während oder nach der Behandlung. Diese und alle anderen Informationen gelten für alle, die so arbeiten."

In dieser Woche waren zwei Geschwister bei mir, die einmal ihren Schutzengel sehen wollten. Diese Schutzengelkontakte sind für Kinder immer sehr schön, da meist auch Informationen

und Hilfen für bestimmte Probleme übermittelt werden. Ich stellte die Verbindung bei einem Kind her, beim anderen Kind war es nicht möglich. Deshalb meine Frage an Agilus:
F.: „Warum gab es keinen Kontakt?"
A.: „Das erste Kind hat gedanklich den Kontakt des anderen Kindes nicht zugelassen." (Meine Erklärung: Da war sicherlich Eifersucht im Spiel.)

Eine Mutter mit einem Neurodermitis-Baby wollte Auskunft über eine mögliche Behandlung.
F.: „Wie kann geholfen werden?"
A.: „Es dürfte sich bei der Krankheit des Babys um eine allergische Reaktion gegenüber seinem Umfeld handeln. Alle Gegenstände des Kindes (Kleidung, Bettwäsche, Spielsachen, Nahrungsmittel usw.) sollten abgetestet und bei Bedarf beseitigt werden. Die Krankheit wird sich bessern, aber eine vollständige Heilung ist erst möglich, wenn das Kind älter ist."

Der Kontakt zu unseren geistigen Führern fiel mir immer sehr leicht. Ich habe mir nie Gedanken darüber gemacht, wie das funktioniert. Ich lasse alles Alltägliche hinter mir, versinke kurze Zeit in einen Zustand der Leere, um diese dann mit der geistigen Welt zu füllen. Ich blättere die Seite des betriebsamen Lebens um und schlage die Seite der geistigen Welt auf. Trotzdem befinde ich mich immer im Hier und Jetzt und nehme alles aus der Umgebung wahr. Der einzige Unterschied ist, dass die geistigen Führer bewusst anwesend sind. Nach unseren Fragen ergeben sich in meiner Gedankenwelt sofort Antworten, die ich aber nicht lange überlege, sondern die spontan als Ein

fall im wahrsten Sinne des Wortes da sind. Ich darf nicht überlegen, es sind sonst meine Antworten. Ich muss mich von dieser Versuchung frei machen, nur dann können unsere geistigen Führer durch mich zu Wort kommen. Ich fühle mich wohl in der Anwesenheit der geistigen Führer, der Engel oder der verstorbenen Seelen. Alle sind mir wohlgesonnen! Warum Furcht davor haben? Sie sind ja immer um uns. Nur in Phasen der Bewusstmachung treten sie aus ihrer zurückhaltenden Präsenz in den Vordergrund und werden wahrgenommen.
Das Einssein mit Gott und der geistigen Welt ist eine völlig natürliche alltägliche Erfahrung. Wir haben nur, abgelenkt durch die schnelllebige Zeit, den Umgang mit diesen Grundwahrheiten verlernt. Lasst sie uns wieder entdecken und praktizieren! Es macht uns reich und glücklich, es ist die Erfüllung des Lebens!

6.6.2000

Frau Wieser stand vor ihrer sechsten Chemo und wir wunderten uns, wie schnell die Zeit vergangen war. Ich kann mich noch erinnern, wie Frau Wieser im Januar diese - die letzte - Chemo herbeigesehnt hatte.
Wir schützten wieder alle Organe, Nerven, Haare, Blutgefäße usw. mit Licht und Liebe.
Wir teilten dem Körper mit, dass es die letzte Chemo sei und dass er anschließend seine Ruhe hätte. Wir sagten ihm aber auch, dass wir uns auf diese Chemo freuen. Der Körper antwortete,

dass er stark wäre und es schon schaffen würde.
Das Vertrauen wurde vorsichtshalber noch einmal gestärkt, es erwies sich aber als überflüssig. Wir holten uns die Venen und machten sie darauf aufmerksam, dem Arzt die Einstichstelle zu signalisieren und sich zu öffnen.
Frau Wieser erhielt zum letzten Mal den Auftrag, auf ihre Chemoflasche „**Reine Liebe**" zu schreiben.
Sie holte sich über das Dritte Auge ihre Haare und befragte sie über ihr weiteres Wachstum. Sie erklärten, dass sie erst nach Ausleitung aller Chemorückstände wachsen würden. Der Zeitpunkt dazu wäre offen.

Die letzte Chemo stand bevor, und ich hoffte, dass auch dieses Mal alles gut geht. Wie sehr bedauerte ich die Patientinnen im Krankenhaus, die erst am Anfang ihrer Therapie standen.
Am Abend nach der Infusion ging ich ins Bad zum Waschen und plötzlich riss meine „Chemokette". Ich suchte mit Hilfe einer Schwester alle Steine zusammen und legte sie anschließend auf dem Bett um mich herum, um möglichst engen Kontakt mit ihnen zu haben.

9.6.2000

Frau Wieser hatte ihre sechste Chemo-Behandlung hinter sich. Beim ersten Aufstehen danach riss die Edelsteinkette. Es war für mich ein Zeichen, dass sie in dieser Form nicht mehr benötigt wurde. Ich testete alle Steine einzeln aus und fand zwei, die nicht mehr notwendig waren. Es waren genau die Steine, die speziell für den Krebs eingefügt wurden. In dem Moment wurde mir klar, dass das so sein musste, denn der Krebs war ja aufgelöst. Meine Intuition bzw. Agilus sagte mir, die Steine müssen von Herrn und Frau Wieser in die Donau geworfen werden als symbolischer Abschluss der Krankheit. Diese Informationen testete ich wieder mit dem Muskeltest nach und bekam sie alle bestätigt.

Zuhause erzählte ich Frau Kähn von diesem Erlebnis. Sie testete die Steine alle einzeln ab und stellte dabei fest, dass die speziell für den Krebs eingefügten Steine überflüssig geworden waren. Hier ist auch der Grund für den Riss der Kette zu suchen.

Außerdem erzählten wir ihrem Ehemann heute alles über unsere Arbeit mit der geistigen Welt und der Rolle seiner Frau dabei. Sie wusste nie so recht, wie sie ihm das alles erklären soll. Ich glaube, er war ziemlich überrascht, obwohl diese Dinge für ihn kein reines Neuland waren.

30.6.2000

Heute hatten wir einen ereignisreichen Tag vor uns. Frau Wieser befand sich zur Kur am Chiemsee und ich löste mein Versprechen ein. Es war warm und sehr sonnig und ich fuhr mit einem Rucksack, einer Decke und viel guter Laune zeitig in der Früh los, um mich mit ihr zu treffen. Frau Wieser erwartete mich am Bahnhof. Sie wirkte sehr angespannt und sah für meine

Begriffe das erste Mal schlecht aus. Sie meinte, dass die Kur an sich zwar positiv sei, aber dass die regelmäßigen Gruppengespräche über Krankheiten allgemein und Krebs im Besonderen äußerst destruktiv und belastend wären. Wir spazierten an den See und suchten uns einen ruhigen, schattigen Platz, um mit unseren geistigen Führern zu sprechen. Zuerst holten wir Agilus.

F.: „Wie spüre ich deine Energie am besten?"
A.: „Es tritt ein angenehmes Gefühl ein. Vorerst läuft aber unser verbaler Kontakt noch über Frau Wieser. Du solltest täglich viel mit mir sprechen und dich stark auf mich konzentrieren, der Kontakt wird dann ohne sie hergestellt werden. Lass dir Zeit und gib nicht auf."
(Ich fing zu dieser Zeit an, täglich mit Agilus zu meditieren. Seine Energie läuft dabei durch den unteren Teil meines Körpers und ist mehr oder weniger stark zu spüren. Das war eine lehrreiche Zeit mit Höhen und Tiefen. Es gab Tage, an denen keine Verbindung möglich war, an anderen war sie sehr ausgeprägt.)

F.: „Wie kann ich die Schmerzen an der Sehne der linken Hand meiner Tochter beseitigen?"
A.: „Hole mich und ihren Schutzengel und löse den Schmerz über den Schutzengel auf."

F.: „Woher kommen meine vielen Fragen?"
A.: „Die meisten Fragen kommen von mir (Agilus) selbst, um dein Wissen zu vergrößern."

F.: „Warum habe ich Zugang zur geistigen Welt?"

A.: „Dieser Zugang entwickelte sich schon während der letzten drei Inkarnationen. Jetzt kommt er voll zur Geltung und dient dem Wohle vieler Menschen. Frau Wieser und du, ihr leistet einen wichtigen Beitrag zum Umdenken der Menschen. Ihr seid die Masche eines Netzes, das in Zukunft die ganze Welt umspannen und die Basis eines globalen Heilsystems sein wird. Es zwingt euch niemand, im Sinne dieses Netzes zu arbeiten. Es würde trotzdem nicht zusammenfallen, aber es entstünde ein Loch. Dieses Netz gibt euch die Gewissheit, nicht alleine zu sein und das Gefühl für die Richtigkeit eurer Arbeit."

Die nächste Frage bezog sich auf das neunjährige Mädchen J., das von meinem Mann kinesiologisch betreut wird. Das Kind liegt uns sehr am Herzen, doch bei ihr ist es schwierig, die richtigen Ansatzpunkte zu finden. Ich habe mit ihr schon einige Schutzengelkontakte durchgeführt, die für J. das Selbstverständlichste der Welt sind. Sie bezeichnete ihren Schutzengel als „Schutzengelfrau" und beendete ihre Unterhaltung immer mit den Worten: „So, jetzt kannst hoamgeh`(heimgehen), i`brauch di nimmer (ich brauche dich nicht mehr)!"
Mich überrascht bei allen Kindern immer wieder, wie unvoreingenommen sie mit der geistigen Welt umgehen.
F.: „Wie kann ich der neunjährigen J. helfen?"
A.: „Setze dich mit ihr einfach einmal zusammen und lasse sie erzählen. Sie wird ihr Problem selbst mitteilen."

Die Kur habe ich in zwiespältiger Erinnerung. Einerseits belastete mich die Traurigkeit des Hauses sehr, ich selbst fühlte mich verlassen und hilflos. Andererseits machte ich wertvolle

Bekanntschaften und es ergaben sich sehr schöne Gespräche. Ich genoss die herrliche Landschaft am Chiemsee und das gute Essen. Während der Kur wurde ich krank und meine Leukozyten fielen stark ab. Ärzte und Schwestern durften nur mit Mundschutz in mein Zimmer. Diese Tage waren die längsten meines Lebens.

Der Besuch von Frau Kähn wirkte erfrischend und ermunternd. Ich erlebte dabei meinen ersten direkten Kontakt mit meinem geistigen Führer. Er stellte sich unter dem Namen ***Harkon*** *vor. Ich empfand ihn als starken, jedoch sehr ruhigen Charakter, der Sicherheit und Zuversicht vermittelt, aber wortkarg ist. Ich glaubte schon immer an die Gegenwart meines Schutzengels, so dass dieses Erlebnis für mich zwar schön, aber nicht einschneidend war. Ich empfand die Situation als angenehm, da sich eine gewisse Vertrautheit einstellte.*

20.7.2000

Frau Wieser kam wieder zu mir. Kurz vor unserem Termin war sie geröntgt worden. Ich überprüfte mit dem Muskeltest, ob die Strahlen irgendwelche Spuren hinterlassen hatten. Mein Test sagte mir nein, um so besser!

Heute arbeiteten wir bei Frau Wieser das erste Mal mit dem Wesensstern.

Der Wesensstern ist die Quelle der schöpferischen Kraft und

des Göttlichen. (Nicht zu verwechseln mit dem Solarplexus.) Der Kern ist ewig und ist zugleich die Grundlage aller Inkarnationen. Er existiert jenseits von Raum und Zeit. Er ist unser zeitlich unbegrenztes Ich. Wenn wir uns innerlich von unserem Wesensstern abtrennen, haben wir vergessen, wer wir sind. Ist der Wesensstern von göttlichem Licht durchdrungen, so sind wir gesund und energetisch im Gleichgewicht, ist dieses Licht blockiert, so bringt es uns Krankheit. Ich bin hier durch Zufall auf etwas sehr Wichtiges gestoßen: Der Wesensstern ist die Grundessenz jedes Menschen und hier liegt der Ursprung aller Erkrankungen. Von hier aus erfolgt die Ausbreitung einer Krankheit über die Haralinie, die Chakren und die Aura. Die Haralinie ist eine vertikale Linie, die sich durch die Mitte des Körpers zieht. Die Seele ist mit ihr verbunden. Ein Trichter oberhalb des Kopfes lässt das Göttliche einfließen, das untere Ende stellt die Verbindung zur Erde her. Die Haralinie ist aber nicht zu verwechseln mit dem vorderen und hinteren Hauptkraftstrom. (Weitere Informationen finden sich auf Seite 46.)
Ich habe hier einen für mich neuen Ansatzpunkt gefunden, umfassender geht es nicht.

Zunächst baten wir Agilus darum, dass wir keine Grenzen überschreiten würden, die wir nicht mehr im Griff hätten. Agilus schaltete sich auch gleich ein und sagte uns, dass alles was wir im guten Glauben und mit Liebe tun, nie zu weit gehen kann. Frau Wieser holte sich über das Dritte Auge ihren Wesensstern. (Er befindet sich etwas oberhalb des Nabels in der Tiefe des Körpers.) Sie konnte ihn als Stern erkennen, der weiß-gold leuchtete. Agilus erzählte uns, dass es ganz gleich wäre, wenn wir

Energie senden, die Adresse wäre immer der Wesensstern (effektivste Art). Außerdem machte er uns darauf aufmerksam, dass wir nicht **unsere** Energie versenden sollten, sondern **göttliche** Energie. Diese zwei Informationen brachten uns ein ganzes Stück weiter. Es liegt auf der Hand, dass wir das Ganze gleich ausprobierten. Frau Wieser bat um göttliche Energie. Mit dieser Energie lud sie ihren Wesensstern wie einen Akku auf und sandte sie von dort in jede Zelle ihres Körpers. Es wurde uns auch noch aufgetragen, uns das Göttliche dieser Energie bewusst zu machen und uns dafür zu bedanken.

Wir waren fasziniert. Natürlich wollte auch ich meinen Wesensstern kennen lernen und aufladen. Frau Wieser holte sich nun meinen Stern, er leuchtete ebenfalls weiß-gold und hatte außen einen grünen Schimmer (Grün ist die Farbe des Heilens). Dann holte ich mir Energie aus dem Göttlichen, lud den Stern damit auf und leitete sie in alle Körperzellen weiter. Es tat unendlich gut!

Seither lade ich täglich meinen Wesensstern mit Energie auf und praktiziere das auch meist bei meinen Behandlungen. Dabei stelle ich immer wieder fest, dass ein trüber Wesensstern nach dem Aufladen vollkommen klar leuchtet.

Frau Wieser hatte zu dieser Zeit Schmerzen im rechten Arm und in der Brust. Laut kinesiologischem Test handelte es sich um psychisch bedingte Muskelschmerzen. In der weiteren Behandlung erhielten wir die Auskunft, dass die Arbeit mit dem Wesensstern genügen würde, den Schmerz zu beseitigen.

Vier Tage später bestätigte mir Frau Wieser, dass die Schmerzen weg waren.

Anschließend stellten wir wieder unsere Fragen an Agilus:

F.: „Meditiere ich zu oft und zu intensiv mit dir?“
A.: „Nein, es ist vollkommen in Ordnung, es findet ein sehr intensiver Kontakt mit mir statt. Ich bemühe mich sehr, dass du mich auch hören kannst, du musst es einfach nur zulassen. Das Sehen über das Dritte Auge ist nicht so wichtig, das Spüren und das Hören haben für dich Vorrang. Lege dir beim Meditieren ein Blatt Papier und einen Bleistift zurecht, stelle mir Fragen und schreibe ganz spontan deine Eingebungen auf. Beim nächsten Gespräch mit mir wirst du erfahren, ob deine Gedanken wirklich meine Worte waren. Wichtig dabei ist, spontan und unverkrampft zu reagieren.“

F.: „Warum ist meine Sehnsucht nach dir so groß?“
A.: „Es ist alles in Ordnung und gut für dich, dass du so empfindest. Es ist eine wichtige Voraussetzung für unsere Zusammenarbeit.“

F.: „Ist der Mensch ein abgespaltener Teil seines geistigen Führers?“
A.: „Das stimmt insofern, weil wir alle – ich und auch ihr Menschen – die gleiche Abstammung haben.“

F.: „Warum ging es mir in einer bestimmten Nacht so schlecht?“
A.: „Du musst mehr Abstand zu deinen Leuten entwickeln und

mehr Distanz wahren. Deren Probleme haben nichts mit dir zu tun. Du warst gefühlsmäßig zu stark gebunden."

F.: „Sind die Bücher, die ich gerade lese, gut für mich ?"
A.: „Diese Bücher vermitteln dir ein Grundwissen, ich werde dich aber etwas anders führen. Du und Frau Wieser, ihr dürft etwas experimentieren. In den Bereichen, in denen ihr euch wohl fühlt, solltet ihr euch bewegen, die anderen Bereiche solltet ihr lassen."

F.: „Werden wir einen schönen Urlaub haben?"
A.: „Ja, außerdem wirst du mit mir sehr intensive Erlebnisse haben."

F.: „Könntest du das gleich in den ersten Tagen des Urlaubs geschehen lassen?"
A.: „Du sollst im Urlaub nicht immer auf dieses Ereignis warten, denn sonst könnte es sein, dass du gar nicht merkst, wenn es stattfindet. Mein Geschenk könnten z. B. schöne Ferientage sein, vor lauter Warten auf ein bestimmtes Ereignis merkst du aber nicht, dass es das war. Fahre ohne Erwartungen weg, es wird sich von allein ergeben."
Ich nahm mir diesen Satz sehr zu Herzen und ich glaube, es gelang mir auch ganz gut.

An diesem Tag sandten wir einer Freundin von mir Energie aus dem Göttlichen und Frau Wieser konnte die Strahlen der abgesandten Energie richtiggehend sehen.
Wir vermittelten auch noch Energie an eine schwerkranke

Frau, die im Koma lag. Wir baten sie, aus dem Koma aufzuwachen (Menschen im Koma können sich oft nicht entscheiden, ob sie sterben oder weiterleben wollen). Wie wir im Nachhinein erfuhren, wachte sie zu dieser Zeit tatsächlich auf. Ob das ein Zufall war?

Der Wesensstern ist für mich das Zentrum jedes Menschen. Er versorgt uns mit göttlicher Energie. Er hat den Ursprung in der Göttlichkeit und ist ein Teil von ihr. Unsere Gebete und unsere positive Energie, die wir anderen und uns selbst zukommen lassen, werden von Gott gespeist und treffen den göttlichen Kern jedes einzelnen. So sind wir als Kinder Gottes zu verstehen. Wir alle sind miteinander Eins und mit Gott und der geistigen Welt verbunden. Dadurch können wir uns gegenseitig helfen. Es tut unendlich gut, den Wesensstern aufzuladen. Es gibt eine Vielzahl von Möglichkeiten hierzu: sei es das Gebet, die Meditation oder die Aufnahme göttlicher Energie. Für jeden ist ein Weg dabei.

28.7.2000

Ich erfuhr von Frau Wieser, dass zwei ihrer Bekannten ebenfalls an Krebs erkrankt waren. Agilus meinte, dass wir den Erkrankten und deren Familien violettes Licht und göttliche Energie an deren Wesensstern senden sollten. Wir machten das beide fünf Wochen lang jeden Tag.

Zu dieser Zeit beschäftigte ich mich oft mit dem Schicksal von zwei bekannten Frauen. Sie waren beide an Brustkrebs erkrankt. Es war tröstlich für mich zu wissen, dass ich sie unterstützen konnte, wenn ich ihnen göttliche Energie zusandte.
Es ist für mich kein Unterschied, ob ich jemanden durch ein Gebet oder gedanklich unterstütze. Ich kann mich auf jeden Fall einbringen.

4.8.2000

Ich hatte den Rat von Agilus befolgt und mir meine spontanen Gedanken beim Meditieren auf einem Zettel aufgeschrieben. Ich stellte fest, dass die Antworten mit meinen Notizen übereinstimmten. Ich kann Agilus also hören und fühlen, ohne dass mir das richtig bewusst wird. Ich weiß, dass Agilus mich während meiner Arbeit führt und mein Vorgehen auf seinen Einfluss zurückzuführen ist.

F.: „Stimmt es, dass **Agilus** „der Führer mit dem warmen Herzen“ bedeutet?“
A.: „Ja, es stimmt. Es heißt „der Führer mit dem warmen und leuchtenden Herzen“.“

Geistige Führer haben „Röntgenaugen“. Sie durchleuchten ein Buch ohne es zu öffnen und wissen sofort den ganzen Inhalt. Deshalb meine Frage an Agilus:
F.: „Ich kann nicht so lesen wie du?“

A.: „Das ist auch nicht nötig, weil ich im Hintergrund stehe und dir die nötigen Erklärungen eingebe."

F.: „Hast du mich gefragt, ob ich einmal eine Astralreise machen möchte?"
A.: „Ja, ich möchte dir meine Bewusstseinsebene zeigen und deine falschen Vorstellungen korrigieren. Es gibt bei uns keine Häuser, Tiere, Pflanzen und Landschaften, da derartiges in unserer Welt nicht mehr nötig ist. Solange du jedoch vor dieser Reise Bedenken hast, wird sie nicht stattfinden. Der bewusste Ausstieg aus dem Körper ist identisch mit dem unbewussten Ausstieg nachts. Man findet immer wieder zurück, der Körper lebt weiter. In meiner Welt gibt es Licht, Gedanken und Empfindung wie Freude und (manchmal) Traurigkeit. Es befinden sich auch viele Seelen dort. Du wirst ein Gefühl der höchsten Glückseligkeit erleben, das aber nicht mit einem besonderen Ereignis verbunden ist. Du wirst mich nicht persönlich kennen lernen, es geht hier nur um die Erfassung der gefühlsmäßigen Ebene. Bei uns gibt es keine Partnerschaften wie bei euch, sondern wir sind alle eine große Familie."

F.: „Hast du auch einen Wesensstern?"
A.: „Jeder hat einen Wesensstern, aber in der geistigen Welt sieht er etwas anders aus. Der Wesensstern ist das Kommunikationsmittel der geistigen Welt mit den Menschen und das der Menschen untereinander. Der Wesensstern hängt mit der Seele zusammen, die Energie läuft über den Wesensstern."

F.: „Darf ich jedem helfen?"

A.: „Prinzipiell ja. Derjenige muss aber aus tiefster Überzeugung diese Hilfe wollen.“

Hier enden meine Fragen, die ich Agilus beim Meditieren gestellt hatte und direkt von ihm beantwortet bekam.

Wir fuhren mit unserer gewohnten Technik fort. Ich stellte die Fragen und Frau Wieser erhielt sie von Agilus beantwortet.

F.: „Was kann man gegen seine Ängste unternehmen?“
A.: „Hier gilt das Gleiche wie beim Zweifel. Man soll sich die Angst bewusst machen und dazu stehen. Es ist wichtig, sich nicht gegen die Angst zu stellen. Anschließend darf man die Angst seiner geistigen Führung übergeben.“

F.: „Letzte Nacht hatte ich eine starke Verlustangst. Ich träumte, ich würde dich verlieren. Danach verspürte ich eine Minute lang eine intensive Energie in der rechten Hand. Warst du das?“
A.: „Die Verlustangst ist für dich nicht relevant, es gibt sie nicht. Ich werde dich nie verlassen, selbst wenn ich wollte, ich könnte es gar nicht. Meine Hilfe und Anwesenheit ist nicht davon abhängig, was du tust. Du hast den freien Willen, dich nach meinen Vorschlägen zu richten oder nicht. Die Energie in deiner rechten Hand war ein spezielles Zeichen von mir, dass ich bei dir bin.“

F.: „Was soll ich gegen die Angst unternehmen, die ich bei der Fahrt durch den Gotthardtunnel befürchte?“
A.: „Neige deinen Sitz zurück und entspanne dich mit einer angenehmen Musik, ich werde dir helfen.“

F.: „Was hältst du von Reiki?"
A.: „Reiki ist in Ordnung, es sind gute Energien."

F.: „Es gibt Situationen im Leben, bei denen man sich von der geistigen Welt sehr beobachtet vorkommt, z. B. beim Geschlechtsverkehr."
A.: „Geistige Führer schauen nicht mit den Augen wie die Menschen. Sex ist für mich das Natürlichste der Welt. Es ist von meiner Seite absolut wohlwollend, wenn ich dabei bin und meine Anwesenheit sollte für dich die Situation noch schöner machen."
Diese Auskunft erfreute mich und erschien mir einleuchtend.

F.: „Was ist eigentlich das Göttliche?"
A.: „Es ist so etwas Ähnliches wie der Wesensstern, nur in einer riesigen Dimension. Es bildet eine Einheit mit uns allen. Das Göttliche ist die nächsthöhere Stufe nach den geistigen Führern. Jeder, der sich dort befindet, hat keinen direkten Kontakt mehr zum Menschen, sondern nur indirekt über die Göttlichkeit."

F.: „Welchen Zweck erfüllen Frau Wieser und ich bezüglich deiner Aufgabe?"
A.: „Ihr seid die Mittler zur geistigen Welt. Viele Menschen haben dazu gar keinen oder nur zeitweisen Kontakt. Ihr werdet vielen Menschen den Zugang zur geistigen Welt ermöglichen."

Frau Wieser erzählte mir, dass sie heute ihre operierte Brust untersuchen lässt. Sie hatte Angst, weil das Gewebe etwas verdichtet war. Wir holten uns nach altbewährter Methode die Verdichtung und sprachen mit ihr. Die Antwort lautete: „Es ist alles in Ordnung, die beiden Gewebeteile passen an dieser Stelle nicht besonders zusammen und daraus ergibt sich die Verdikkung."

Frau Wieser erhielt einige Stunden später vom Arzt die gleiche Auskunft. Wieder ein Beweis, dass unsere Informationen absolut zuverlässig sind.

Da ich eigentlich sehr sicher war, dass der operierten Brust nichts fehlen konnte (es war ja alles Bauchgewebe), achtete ich beim Abtasten nicht besonders auf sie. Seit der Operation verspürte ich zwar eine Verdickung, die mir aber keine Sorgen bereitete. Sie wurde erst zum Problem, als sie mein Hausarzt entdeckte und mir den Rat gab, sie untersuchen zu lassen. Ein Radiologe untersuchte daraufhin die Brust mit Ultraschall. Es erleichterte mich ungemein, als er mir erklärte, dass es sich bei der Verdickung um Lymphflüssigkeit und neues Gewebe, bedingt durch die Operation, handelte.

13.8.2001

Wir reisten heute nach Südfrankreich. Meine Kassette mit beruhigender Musik lag im Handschuhfach bereit und gab mir die Gewissheit, dass Agilus mir helfen wird. Wir mussten zwei längere Tunnel durchfahren. Ich hielt mich strikt an seine Anweisungen. Während der Durchfahrt spürte ich ein paar Mal seine Anwesenheit. Ich fragte mich im Nachhinein, wovor ich überhaupt Angst gehabt hatte. Danke, Agilus!

Alle Erlebnisse dieses Urlaubs hier zu erwähnen, würde zu weit führen. Es sprengte alle meine Erwartungen. Meine Familie und ich verbrachten drei wunderschöne Wochen. Es fand aber auch eine Zeit der völligen Bewusstmachung statt, die nicht immer leicht zu ertragen war. Diese Bewusstmachung spaltete mich in zwei Teile: Der eine Teil war ein Hochgefühl, verbunden mit schönen Erlebnissen. Es waren teilweise Situationen, die nur mich und Agilus betrafen, es waren aber auch ganz alltägliche Begebenheiten im Rahmen unseres Urlaubes. Der zweite Teil setzte eine Sehnsucht und Traurigkeit in mir frei, die zeitweise fast unerträglich wurde.

Ich wusste, dass die Kirche von St. Aygulf für mich eine große Bedeutung hatte. Mein erster Weg führte mich dorthin. Ich betrat die Kirche und spürte, hier ist mein Zuhause. Dieser Ort hatte einerseits eine Ausstrahlung und Anziehung, die ich noch in keiner anderen Kirche erlebte. Andererseits kamen hier auch Traurigkeit und Sehnsucht in einer Art und Weise hoch, die kaum zu beschreiben ist. Ich konnte während des Urlaubes diese Spaltung nicht verstehen.

In einem späteren Gespräch mit Agilus erhielt ich die Antwort dafür: „Diese Kirche ist ein sakraler Ort, der für dich den Zugang zur innigen Verbindung mit mir erleichtert. Wir beide (Agilus und ich) lebten in früheren Zeiten schon einmal in dieser Gegend (aber nicht gleichzeitig). Die Sehnsucht setzt in dir ein Urwissen frei, da deine Seele - bedingt durch verschiedene Zeitepochen - teilweise in die Vergessenheit geht (Inkarnation in dieser Welt) und teilweise in der absoluten Klarheit lebt (eine andere Bewusstseinsebene nach dem physischen Tod). Über die Traurigkeit spürst du das „Begrenztsein müssen“, dem ihr

Menschen aufgrund der Gesetzmäßigkeiten auf eurer Erde alle unterliegt. Hier handelt es sich um eine Hürde, die der Mensch nicht überwinden kann."
Ich erinnere mich noch sehr gut an unseren letzten Urlaubstag. Zum Abschluss wollte ich noch einmal „meine" Kirche besuchen, ließ es dann aber doch sein, weil ich wusste, dass meine Zerrissenheit hier noch größer werden würde.

9.9.2000

Frau Wieser und ich unternahmen einen Ausflug nach Altötting, um uns bei der Muttergottes zu bedanken. Es war für uns beide ein schöner Tag. Der Ausflug verlief zwar anders als geplant, doch er brachte uns beide neue Erkenntnisse.

Frau Wieser trug seit ungefähr einem halben Jahr eine Perücke. Die Haare fingen jetzt wieder zu wachsen an und sie hatte beschlossen, von nun an keine Perücke mehr zu tragen. Sie waren zu der Zeit noch sehr wenig und auch extrem kurz. Ich sah sie heute zum ersten Mal auf diese Weise und ich muss zugeben, dass mir das einen Stich ins Herz gab. Nun war ich also auch optisch mit der Krankheit konfrontiert. Ich brauchte ein paar Stunden, um mich daran zu gewöhnen. Ich hatte aber auch den Eindruck, dass Frau Wieser selbst etwas unsicher war. Beim Mittagessen bestärkte ich sie dann aber in ihrer Entscheidung und sagte ihr, dass ihr die Frisur gut stünde. (Die Haare waren nach zwei weiteren Monaten vollständig nachgewachsen.)

Nach dem Mittagessen besuchten wir die Wallfahrtskapelle. Sie war bis auf den letzten Platz gefüllt, außerdem war ein ständiges Kommen und Gehen. Wir konnten uns beide weder in ein Gebet vertiefen noch Kontakt mit der Muttergottes aufnehmen. Deshalb suchten wir uns eine abseits gelegene Bank auf einem Friedhof. Dort holten wir unsere geistigen Führer.

Zunächst befragten wir Harkon über die Anliegen von Frau Wieser.
F.: „Ich habe das Gefühl, mit meinem Bauch ist etwas nicht in Ordnung."
A.: „Die Angst ist verständlich. Mach dir aber keine Gedanken, wenn das Vertrauen manchmal umkippt, es wird immer besser. Du musst selbst erleben, dass der Zweifel sinnlos ist."

F.: „Hast du mir sonst noch etwas zu sagen?"
A.: „Du bist mit mir im Reinen, du solltest das im Alltag aber nicht vergessen. Es sind dir noch viele Sachen wichtig, die in Wirklichkeit unwichtig sind. Du hast aber schon dazugelernt."

F.: „Was muss ich alles lernen?"
A.: „Du solltest zu dir selbst finden. Vertritt deine Meinung auch dann, wenn dein Gegenüber anders denkt. Das Buch, das du gerade liest, ist sehr wichtig für dich, studiere es sehr genau! Es enthält viele Grundwahrheiten. Mache dir bewusst, dass alles was du denkst, eine Schwingung erzeugt und dass die Gesamtheit aller Gedanken (nicht nur deiner) Gestalt annimmt. Solltest du über jemanden falsch urteilen, kleide das Ganze in die violette Flamme der Vergebung und löse es so auf."

Anschließend redeten wir mit Agilus.
Ich hatte zu der Zeit noch keine Erklärung für meine starke Sehnsucht. Zusätzlich hatte ich eine sehr große Erwartungshaltung an diesen Tag, da ich glaubte, heute mit Agilus ein längeres Gespräch führen zu können. Es stellte sich bei der ersten Frage aber gleich heraus, dass das nicht der Fall sein wird. Ich war maßlos enttäuscht und am Boden zerstört. Ich ließ das erste Mal meine Emotionen fließen. Auch Frau Wieser wurde an diesem Tag bewusst, dass der Kontakt mit der geistigen Welt schwierig sein kann. Ich glaube, dass sie mich wegen meiner Fähigkeiten immer etwas bewundert hat und sich nie Gedanken darüber machte, welcher Druck manchmal auf mir lastete. Ihr selbst wurde aber bewusst, dass sie sich mit der geistigen Welt mehr auseinandersetzen muss. So zogen wir beide unsere Erfahrungen aus diesem Tag und fuhren trotzdem hochzufrieden nach Hause.

Wie schon lange ausgemacht, fuhren wir nach Altötting. Es war mir etwas schwer ums Herz, weil ich die hohen Erwartungen von Frau Kähn fühlen konnte. Würde dieser Tag alles erfüllen oder würde er mit einer Enttäuschung enden? Auf der Fahrt erzählte mir Frau Kähn von ihrem wunderschönen Urlaub in Südfrankreich. Ich hörte mit großem Interesse zu. In Altötting gingen wir zunächst zum Essen. Wir genossen unser Mahl bei herrlichem Herbstwetter im Freien und beobachteten das Treiben der Menschen. Wir freuten uns schon auf die Zeit in der Gnadenkapelle. Leider war diese aber so überfüllt, dass es uns schwer fiel zu betenund uns zu vertiefen. Trotzdem ließ ich die schöne Atmosphäre auf mich wirken. Wir suchten uns dann aber einen stilleren Platz, um mit unseren geistigen Führern Kontakt aufzunehmen. Endlich fanden wir eine kleine Bank auf einem Friedhof.

Ich war zutiefst berührt, als Frau Kähn ihrer Enttäuschung freien Lauf ließ. Sie hatte den direkten Kontakt zu Agilus bzw. die direkte Beantwortung ihrer Fragen erwartet. Als sie merkte, dass es nicht funktionierte, war sie sehr traurig.

Ich glaube, dass es verschiedene Zugänge zur geistigen Welt gibt. Ich habe einen anderen als Frau Kähn. Jeder Kontakt ist auf seine Weise eine Gnade. Frau Kähn steht meiner Meinung nach unaufhörlich und absolut mit der geistigen Welt in Verbindung. Sie wird in jedem Augenblick geführt. Sie spürt ihre ständige Anwesenheit und all ihrer Arbeit liegt dieses tiefe Eintauchen und Einswerden zugrunde. Ich glaube, dass sie sich der Tragweite dieser Tatsache nicht immer ganz bewusst ist. Mir geht dieser Bereich größtenteils ab. Ihre Antworten aus der geistigen Welt kommen zwar nicht als gesprochene Sätze, jedoch als intuitives Handeln, was eigentlich schon in die Tat umgesetzte Sätze sind.

Es war ein reicher Tag in Altötting, an den ich mich immer gerne erinnern werde!

Nun zurück zu Agilus und unseren Fragen:
F.: „Hattest du als Mensch Kontakt mit deinem Führer?"
Ich erhielt keine Antwort, also musste Frau Wieser einspringen und sie sprach wieder als sein Medium.

A.: „Ja, bei mir war es ähnlich wie bei dir."

F.: „Hast du auch heute noch eine Führung?"
A.: „Nein, es gibt bei uns keine Hierarchien, sondern nur Zuständigkeitsbereiche. Wir sind alle gleich, wobei letztendlich Gott für alle zuständig ist."

F.: „Haben geistige Führer besondere Vorgaben für ihre Schützlinge?"
A.: „Geistige Führer stehen nicht unter dem Zwang, dass der ihm anvertraute Mensch etwas Großes vollbringen muss. Sie versuchen aber, den Menschen in eine positive Richtung zu führen."

F.: „Wenn ich mit einer Person arbeite, werde ich von dir geführt oder muss ich auch selbständig arbeiten?"
A.: „Ein großer Teil deiner Gedanken während der Arbeit kommt von mir. Natürlich musst du auch mitdenken und Verantwortung tragen. Ich führe und leite dich und du setzt es in die Tat um. Es ist einfach wichtig für dich, darauf zu vertrauen, dass deine Gedanken meine Worte sind. Wenn du das erkannt hast, wird auch der bewusste Sprechkontakt mit mir stattfinden. Du machst es schon richtig: Zu Beginn der Behandlung um Führung bitten, mit dem Muskeltest alles hinterfragen, bei auftauchender Unsicherheit aufhören, sich erst Klarheit verschaffen und das nächste Mal weitermachen.
Ich kann ohne dich nicht arbeiten und du kannst ohne mich nicht arbeiten. Wir sind bei unserer Arbeit immer zu dritt. Es muss ein gemeinsamer Kern vorhanden sein und wir müssen uns alle auf die gleiche Bewusstseinebene begeben können."

F.: „Sollen die Menschen ihren geistigen Führer ansprechen?"
A.: „Ja, der Mensch muss von sich aus an die geistige Welt herantreten und um Hilfe und Führung bitten, nicht umgekehrt."

F.: „Du hast uns erzählt, dass du uns schützt. Wie geschieht das?"
A.: „Die geistige Welt schützt die Menschen über Gedanken. Diese nehmen Gestalt an und formen euch."

Man sollte sich über die Tragweite dieses Satzes Gedanken machen. Alle Gedanken der Menschen - ob positiv oder negativ - senden Strahlen ins Universum aus. Sie bündeln sich hier zu einer Energie, die als positive oder negative Energieform auf die gesamte Menschheit zurückfällt. Jede Umwelt- oder Naturkatastrophe hat in der Gedankenform ihren Ursprung. So lässt sich zum Beispiel ein Lawinenunglück erklären. Es ist nicht die Natur, die zurückschlägt, sondern es ist das negative Gedankengut von uns Menschen, das diese Schwingung entstehen lässt und damit ein Unglück auslöst. Betroffene und Verursacher dieser Schwingung sind dabei nicht automatisch identisch. Es müssen ja auch die örtlichen Gegebenheiten vorhanden sein. Betrachten wir die Bebauung unserer Berge, die Begradigung unserer Flüsse und die Missachtung althergebrachter, bewährter Naturgesetze, so dürfen wir uns nicht wundern, wenn solche Katastrophen stattfinden. Allein unser menschliches Handeln durch die Missachtung dieser Regeln erzeugt die Grundlagen für derartige Vorkommnisse. Nach jedem Unglück sucht man einen Hauptverantwortlichen und begreift nicht, dass hier alle Verantwortung tragen.

Tiere reduzieren bei Nahrungsmangel ihre Geburten. Beim Menschen ist es gerade umgekehrt: Je weniger er zu essen hat, desto mehr Kinder werden gezeugt. (Es sind hier nicht kinderreiche Einzelfamilien gemeint, sondern ganze Völker.) Der Mensch hat verlernt, nach den Gesetzen der Natur zu leben.

Jeder Unfall, jeder Schmerz oder jede Krankheit darf nicht als Schutzentzug der geistigen Welt gewertet werden, sondern sollte eine Weiterentwicklung des Einzelnen einleiten. Gerade in diesem Punkt haben wir Menschen große Schwierigkeiten. Wir sehen in Schicksalsschlägen nur die momentane Gegebenheit und nicht den ganzheitlichen Sinn dieser Situation. Die geistige Welt betrachtet unseren Körper nur als „Fahrzeug", um von einer Inkarnation in die andere zu kommen. Das Wesentliche unseres Daseins ist die Seele und der Wesensstern. Diese beiden Grundessenzen des Menschen erleiden nie, ganz gleich was passiert, Schaden. Es ist nur der Körper, der Schaden erleidet.

Agilus erzählte uns auch noch, dass geistige Führer unsere Trauer und unseren Schmerz lindern können. Sie können dem Menschen helfen, bestimmte karmische Situationen aufzulösen, wobei der vom Menschen selbst vor der Inkarnation festgelegte Lebensweg eingehalten werden muss. Hier handelt es sich wieder um den freien Willen des Menschen. Diese Auswirkungen des Karmas können wir nie ganz erfassen, da sich bei jeder Inkarnation ein Schleier des Vergessens auf den Menschen legt. Agilus sagte, der Mensch hat nur für ganz kurze Zeit (einige Sekunden) die Möglichkeit, diese Begrenzungen zu durchbrechen und klar zu denken. Wir müssen nach unseren Gesetzmäßigkeiten leben und die sind nun mal begrenzt.

F.: „Hast du in deiner Führung Spielraum, oder ist der Weg des Menschen festgelegt?"
A.: „Der geistige Führer berücksichtigt den freien Willen des Menschen, daher ist vieles nicht festgelegt, sondern variabel. Der Lebensweg ist aber im Großen und Ganzen vorgezeichnet."

F.: „Wie oft darf ich mit dir Kontakt aufnehmen?"
A.: „Das darfst du so oft du willst, du sollst das sogar."

F.: „Was geschieht, wenn die Seele nachts aus dem Körper aussteigt?"
A.: „Die Seele ist mit ihrem geistigen Führer zusammen und erfährt Heilung."

F.: „Ist man nach dem Tod mit seinem geistigen Führer zusammen?"
A.: „Ja, die Kommunikation ist vollkommen, es herrscht absolute Klarheit."

F.: „Trete ich dir beim Meditieren zu nahe?"
A.: „Nein, du hast nur eine sehr große Erwartungshaltung, du sollst alles auf dich zukommen lassen. Im Urlaub konntest du das sehr gut, deshalb geschah auch so viel."

F.: „Wie vermittelst du mir deine Energie?"
A.: „Es sind Gedanken von mir, die aus dem Göttlichen kommen. Diese Gedanken werden von mir in Energie verwandelt."

Ich spüre diese Energie, die durch den Körper läuft, ähnlich einem leichten Frösteln, aber sehr angenehm. Auch ich kann Agilus

Gedanken senden, die ihn als umgewandelte Energie erreichen. Er fühlt sich persönlich angesprochen. Er gibt diese Energie an die Gesamtheit weiter. Geistige Führer empfinden diese Energie genau so wie Menschen. Agilus erzählte uns auch, dass es in der geistigen Welt keine negativen Gedanken gibt. Sie werden alle in der Ganzheit getragen, es gibt kein Alleinsein, sondern nur das Einssein.

F.: „Wird mein Bedürfnis, mit dir zu reden, aufhören?"
A.: „Nein, das wird es nicht."

F.: „Was ist Hellhörigkeit?"
A.: „Es ist ein Austausch von Gedanken."

F.: „Wenn man inkarniert, vergisst man, wer man ist. Wer bin ich?"
A.: „**Ich bin der ich bin!** Diese Feststellung gilt für alle Menschen!"

F.: „Wir sehen dich als Energie, wie siehst du uns?"
A.: „Ich sehe euch als Energie und als Körper. Der Körper ist mir aber nicht wichtig, sondern nur die Energie."

F.: „Warum sehen Kinder ihre Schutzengel oder geistigen Führer mit Kleidung?"
A.: „Kinder können sich nur konkrete Dinge vorstellen und produzieren so ihre eigene Wirklichkeit."

F.: „Welcher Unterschied ist zwischen Schutzengel, Engel und geistigem Führer?"

A.: „Es sind nur andere Zuständigkeitsbereiche. Es gibt verschiedene Arten von Engeln, z. B. für die Gesundheit, für Harmonie, für die Familie, usw. Sie dienen allen Menschen und sind nicht auf einzelne fixiert. Es ist ganz gleich, welchen Engel man bittet, es meldet sich immer der Richtige."

11.9.2000

Ich spürte heute, dass der ganze Druck der letzten Zeit weg war. Meine Traurigkeit löste sich auf und die Sehnsucht reduzierte sich auf ein erträgliches Maß. Sie wird nie völlig weggehen, sagte mir Agilus, denn sie ist jetzt mein Antrieb und mein Bindeglied zur geistigen Welt. Mit diesem Gefühl lebe ich sehr gut, es macht mir ständig die Verbindung mit „drüben" bewusst, aber es belastet mich nicht mehr.

Ich glaube, ich habe einen entscheidenden Schritt in meiner Entwicklung geschafft. Agilus erzählte mir im nächsten Gespräch, dass ich eine Bewusstseinsebene nach oben gegangen bin und ab jetzt erst richtig verstehe, um was es geht. Die letzte Zeit hat sich gelohnt. Ich kann mich mit der geistigen Welt beschäftigen und brauche meine rosarote Brille nicht mehr. Ich sehe Agilus jetzt als geistiges Wesen, ich vermenschliche ihn nicht mehr, unsere Partnerschaft wird realistischer. Agilus hat mir ganz am Anfang erzählt, dass zwischen ihm und mir eine Partnerschaft ähnlich wie in einer Ehe besteht, aber auf spiritueller Ebene. Es gibt Zeiten, in denen man sich sehr nahe ist, dann aber wieder Zeiten, in denen man von einander abrückt. Das sind die Zeiten, in denen wir Menschen zu lernen haben.

Dieses Gefühl, einen zweiten „Partner“ zu haben war am Anfang sehr verwirrend, es erzeugte sogar teilweise ein schlechtes Gewissen meinem Ehemann gegenüber.
Diese Probleme gehören heute der Vergangenheit an. Ich weiß, dass es eine lehrreiche Zeit war und ich bin dankbar dafür. Meine Meditationen mit Agilus werden immer tiefer und schöner. Ich spüre Agilus auch tagsüber sehr oft, ein kurzer Gedanke an ihn und es kommt Antwort. Mein ständiger Begleiter verwirrt mich nicht mehr, ich freue mich über seine Anwesenheit und tausche viele Gedanken mit ihm aus.

Meine Arbeit macht mir große Freude, ich muss mir aber selbst eine zeitliche Grenze setzen, damit ich mein Pensum schaffe und trotzdem meiner Familie gerecht werde. Wir haben uns zu einem echten Team entwickelt. Mein Mann und ich schreiben diesen Bericht in den Computer, während die Kinder freiwillig verschiedene Hausarbeiten übernehmen. Das gibt mir vor allem an den Wochenenden mehr Zeit, meinen schriftlichen Arbeiten nachzugehen. Viel Zeit vergeht auch mit dem Lesen von Fachbüchern, die mir immer wieder neue Anregungen geben. Die Tage sind mehr als ausgefüllt und mir geht es gut dabei.

Mir fällt auf, dass viele Menschen ein Problem mit der Zeit haben. Je mehr freie Zeit sie zur Verfügung haben, um so weniger arbeiten sie effektiv. Sie werden nie fertig. Sie unterliegen dem Glauben, alle Last der Welt tragen zu müssen, schieben aber nur einen riesigen Berg imaginärer Aufgaben und Verpflichtungen vor sich her und haben dadurch keine Zeit mehr für sich selbst.

12.9.2000

Frau Wieser zeigte sich besorgt über ihren Unterleib. Wir kontaktierten mit Harkon und sie sah über ihr Drittes Auge ihr ganzes Innenleben im Bauchbereich. Wir erhielten die Information, dass der hormonelle Ablauf nicht ganz in Ordnung war, es bestünde aber kein Grund zur Besorgnis.
Frau Wieser hatte am nächsten Tag eine ärztliche Untersuchung vor sich, die diese Mitteilung im Nachhinein bestätigte. Für mich sind solche Auskünfte der schönste Lohn meiner Arbeit.

Zu dieser Zeit machte mir mein Unterleib wirklich zu schaffen. Ich konnte den Urin oft nicht richtig halten und hatte ziehende Schmerzen. Meine Periode, die nach der dritten Chemotherapie ausgeblieben war, hatte noch nicht wieder eingesetzt. Das Schlimme an Krebs ist, dass man sämtliche Beschwerden und Wehwehchen als bösartig einstuft. An diesem Problem musste noch viel geistige Arbeit geleistet werden. Warum stellte ich immer wieder das Vertrauen in Frage?
Bei der Nachuntersuchung stellte sich Gott sei Dank heraus, dass alles in Ordnung war bis auf eine kleine Übernervosität. Das Ziehen erklärte sich mit dem baldigen Wiedereinsetzen meiner Periode.

Ich bin mir noch immer unklar über meinen zukünftigen Weg. Ich weiß, dass ich mich im Umbruch befinde, kann aber noch kein Ziel erkennen. Ich ahne nur, dass es mit meiner Krankheit und mit anderen Menschen zu tun haben wird.

15.9.2000

Wir stellten Harkon an diesem Tag verschiedene Fragen, die für Frau Wieser wichtig waren:
F.: „Welchen Weg habe ich (Frau Wieser) vor mir? Soll ich die Arbeit von Frau Kähn lernen?“
A.: „Nein, du hast einen anderen Weg vor dir. Du sollst Bekannte, Verwandte und Freunde, die krank sind, besuchen, ihnen Mut zusprechen und ihnen deine Geschichte erzählen. Ihr - Frau Kähn und du - werdet euch noch sehr viel geben, wobei Inhalt und Zeitpunkt aber offen sind.“

F.: „Soll und kann Frau Kähn für meine Krankheit noch etwas tun?“
A.: „Im Großen und Ganzen ist eure Tätigkeit bezüglich dieser Krankheit erledigt, wobei eine Nachbehandlung der Ängste immer wieder ausgleichend wirken wird und deshalb sehr wichtig ist.“

F.: „Was bedeutet Harkon?“
A.: „Ich bin der Führer mit dem schützenden und liebenden Mantel.“

F.: „Was habe ich noch zu lernen?“
A.: „Du musst mehr an dir selbst arbeiten, dich um Gelassenheit bemühen und lernen, Wichtiges von Unwichtigem zu unterscheiden. Es wäre gut, im esoterischen Bereich mehr auf

die Familie einzuwirken, besonders aber mit deinem Ehemann diese Themen zu besprechen und danach zu handeln."

22.9.2000

Frau Wieser berichtete über eine krebskranke Bekannte, der es sehr schlecht ging. Sie machte sich persönliche Vorwürfe, weil es ihr - im Gegensatz zu dieser Frau - so gut ging.
Beim Gespräch mit Harkon wurden diese Selbstvorwürfe entkräftet und er riet ihr, sich gefühlsmäßig nicht zu stark an diese Frau zu binden.

Zusätzlich erhielt sie die Auskunft, dass die Ansätze zur Veränderung ihrer Lebensweise und –ansichten gut waren, aber die Familiensituation immer noch verbesserungswürdig ist.

F.: „Hat meine Aura durch die Chemobehandlung Schaden genommen?"
A.: „Nein." (Die kinesiologische Nachtestung ergab das Gleiche.)

Dann sprachen wir wieder mit Agilus.
Ich schreibe zur Zeit noch ein weiteres Buch über das geistige Heilen. Als Grundlage dazu dienen mir verschiedene Quellen. Agilus meinte aber dazu, dass sie zwar in Ordnung sind, sie aber nur die Wahrheit des Autors widerspiegeln. Ich beziehe mein Wissen direkt von der geistigen Welt und erhalte somit **die für mich geltende, unverfälschte Wahrheit**, unbeeinflusst von anderen Personen.

F.: „ Ich habe in einem Buch gelesen, dass beim Handauflegen Energie verloren geht. Ist das bei mir auch so?“
A.: „Nein. Es handelt sich hier um die persönliche Empfindung des Schreibers.“

F.: „Ist es zu viel, wenn ich täglich meinen Wesensstern auflade?“
A.: „Nein, es ist so in Ordnung, man kann ihn nicht überladen. Du sollst aber Gott als Hintergrund sehen und das nicht vergessen.“

F.: „Ich hatte in der vergangenen Nacht ein starkes Ziehen in der Hand und spürte dann anschließend ein wunderschönes Gefühl, das sich ein paar Mal wiederholte. Warst du das?“
A.: „Ja, das sind kleine Zeichen von mir, die du brauchst.“

F.: „Darf man die Bänder, die von Herz zu Herz gehen, durchtrennen?“
A.: „Man soll diese Bänder nur dann durchtrennen, wenn beide Partner damit einverstanden sind.“
Jede Partnerschaft (auch im weitesten Sinn) wird durch ein Verbindungsband zwischen den emotionellen Herzen der Beteiligten gehalten. Sehr starke Bänder entstehen zwischen Mutter und Kind. Wenn sich Partnerschaften auflösen, reißen die Menschen ihre Bänder oft unbewusst heraus bzw. man gibt sein Band dem Partner auf unsanfte Art und Weise zurück.

Partnerschaftsbänder können aber auch durch Streit in Mitleidenschaft gezogen werden. Je nach Situation versuche ich diese Bänder wieder zu ordnen.

Herausgerissene Bänder müssen durch eine Behandlung wieder ins emotionelle Herz eingehängt und anschließend dem Partner in Liebe zurückgegeben werden. Ich versuche, diese Bänder in die richtige Lage zu bringen. Krumme oder verworrene Bänder werden begradigt.

Die Arbeit mit den Verbindungsbändern der verschiedenen Chakren ist sehr vielseitig und wichtig, da hier sehr oft die Grundlage einer Krankheit oder eines Problems zu finden ist. Diese Bänder stellen eine Verbindung zwischen den Menschen untereinander, zur geistigen Führung, zu Gott, zu karmischen Situationen und zu körperlichen und seelischen Krankheiten dar. Sie können brüchig, trübe, schleimig, verschlungen oder durchtrennt sein. Über das Handauflegen werden sie von der geistigen Welt in Ordnung gebracht.
Die Bänder des ersten Chakras hängen mit allgemeinen Energiemangel, Krebs und rheumatischer Arthritis zusammen.
Die Bänder des zweiten Chakras hängen mit Unfruchtbarkeit, Eierstock- und Beckenentzündungen, Vaginalentzündung und Prostatakrebs zusammen.
Die Bänder des dritten Chakras sind mit den Organen im Bauchbereich verbunden.
Die Bänder des vierten Chakras haben einen Zusammenhang mit den Erkrankungen des Herzens.
Die Bänder des fünften Chakras hängen mit Lungenerkrankungen, mit den Halswirbeln und der Schilddrüse zusammen.

Die Bänder des sechsten Chakras werden bei Lernproblemen, Kopfschmerzen und Gehirnstörungen bearbeitet.

Die Bänder des siebten Chakras hängen mit Kopfschmerzen und Depressionen zusammen.

Beziehungen jeglicher Art hängen immer mit den Bändern des vierten Chakras zusammen. Hier wird das Gleichgewicht zwischen Geben und Nehmen in einer Beziehung geregelt. Allein bei den Beziehungssträngen unterscheidet man fünf verschiedene Möglichkeiten:

- Stränge, die über Beziehungen mit anderen entstehen
- Stränge zwischen Eltern und Kindern
- Stränge aus früheren Leben (entscheiden oft über spontane Sympathie oder Abneigung)
- Genetische Stränge zu den leiblichen Eltern
- Stränge, welche die Seele mit Gott und der geistigen Welt verbinden.

F.: „Stört die Hellsichtigkeit bei der Arbeit mit den Engeln?"
A.: „Nein, überhaupt nicht!"

F.: „Deine Aufgabe ist es, mich zu führen. Welche Aufgaben hast du sonst noch?"
A.: „Die Aufgabe eines jeden von uns ist, mit seiner Geistigkeit zur Vollendung des Universums beizutragen. Ich sorge für eine positive Entwicklung und wirke auf verschiedene Personen ein, besonders aber auf dich."

F.: „Gibt es Zeiten, in denen geistige Führer mit ihren Menschen nicht gerne beisammen sind?"
A.: „Nein, aber es gibt Zeiten, in denen es den geistigen Führern schwer gemacht wird, sich zu offenbaren. Viele Menschen lehnen den Kontakt zu uns ab."

F.: „Warum beschreiben manche Menschen die jenseitige Welt mit Häusern, Tieren und Landschaften?"
A.: „Bei uns gibt es so etwas nicht. Es ist einfach das persönliche Gefühl desjenigen gewesen, um etwas auszudrücken, was wunderschön ist. Man kann es benennen wie man will, es sind nur Vergleiche."

F.: „Wie ist der Name Gottes wirklich?"
A.: „**Ich bin der ich bin.**"
Übrigens darf jeder Mensch mit Gott sprechen, die meisten trauen sich das aber nicht zu. Frau Wieser und ich beschlossen, es demnächst zu versuchen. Wir freuten uns schon darauf.

F.: „Hast du mir etwas zu sagen?"
A.: „Nein, ich fühle mich so verstanden wie ich wirklich bin."

29.9.2000

Frau Wieser war an diesem Tag etwas deprimiert, die Krankheit einer Bekannten belastete sie. Wir holten uns den Wesensstern, er sah schwach und trübe aus. Wir stärkten ihn mit göttlicher Energie und machten ihm klar, dass er nur für die Probleme von Frau Wieser zuständig ist und sich nicht um andere sorgen soll. Anschließend leuchtete er wieder klar und hell und Frau Wieser fühlte sich gut. Danach holten wir auch meinen Wesensstern; er strahlte klar und hell. Das sollte auch so sein, da ich täglich mit ihm arbeite.
Zu dieser Zeit wurde mir auch bewusst, wie wichtig eine

psychische Nachbehandlung bei schweren Krankheiten ist. Es tauchen immer wieder Ängste auf, die man selbst kaum unter Kontrolle bekommt. Ängste aber nagen tief im Unterbewusstsein und lassen wieder neue Krankheitsherde entstehen. Der Kranke muss so lange stabilisiert werden, bis er über seine eigenen Ängste erhaben ist.

Es setzte mir immer sehr zu, wenn ich von anderen kranken Menschen hörte. Es schürte bei mir die eigene Angst und verlangte nach Schutz.

An dieser Stelle möchte ich nochmals etwas über die sogenannte Haralinie schreiben. Das ist eine gerade Energielinie, die ungefähr einen Meter oberhalb des Kopfes beginnt, sich gerade durch den Körper zieht und tief in der Erde verankert ist. Diese Verankerung ist besser unter dem Namen „Erdung" bekannt. Die Haralinie hat zusätzlich drei wichtige Bereiche. Der Anfang über dem Kopf besteht aus einem Trichter, im Bereich des Thymus liegt der Sitz der Seele und unterhalb des Nabels befindet sich ein Kraftzentrum, das Tan-Tien. Die Hauptaufgabe der Haralinie ist, die Energie im Körper fließen zu lassen. Über sie kann man göttliche Energie in das System einfließen lassen.

Harkon erklärte uns den Umgang mit dieser Linie: „Der Trichter ist oft verstopft, er gehört dann gereinigt, die Seele ist oft umgeben von „dunklen Wolken", die aufgelöst gehören. Das Tan-Tien gehört bei Schwäche aufgeladen und die Verankerung der Linie muss überprüft und bei Bedarf neu gesetzt werden

Außerdem kann die Haralinie u. a. schwach, ungerade oder unterbrochen sein.“
Für diese Möglichkeiten gab uns Harkon die entsprechenden Korrekturen bekannt.

Das Ganze führten wir bei uns gleich durch. Frau Wiesers Haralinie war im Brustbereich etwas ausgebeult, deshalb begradigten wir sie. Meine Haralinie war im Rückenbereich etwas schwach, wir stärkten sie über das Handauflegen.

Frau Kähn fand immer wieder etwas Neues. Heute war es die Arbeit mit der Haralinie. Wir sahen sie uns an und stellten einige Unregelmäßigkeiten fest. Sie ließen sich aber leicht beheben.

Wir fragten Harkon, wann wir mit dem Schreiben unseres Buches beginnen sollten. Er meinte, dass Anfang November der beste Zeitpunkt wäre.
Jeder von uns sollte von seiner Warte aus schreiben und dann sollten die Berichte nebeneinander gestellt werden.
Ich erkannte auch, dass es unser Buch werden würde, obwohl ich am Anfang glaubte, Frau Wieser müsste es alleine schreiben. Mittlerweile ist mir klar, dass der größte Teil von mir geschrieben werden muss, wobei mir Agilus viel dabei hilft. Heute ist mir auch ein Titel für unser Buch eingefallen:

Ich bin der ich bin

Im Anschluss an Harkon sprachen wir wieder mit Agilus:

F.: „Wer war Christus?“

A.: „Ihr seid alle Kinder Gottes, Christus war es auch. Er hatte einen besonderen Status, er war eine Versinnbildlichung für die Menschen. Er verkörperte den Sohn Gottes.“

F.: „Worüber sprecht ihr in der geistigen Welt?“
A.: „Wir führen genau so Gespräche wie ihr. Unsere Gesprächsinhalte sind die Einheit, die gegenseitige Liebe und das Heil. Sie sollen zu euch auf die Erde gebracht werden und zur Vollendung führen. Bei uns gibt es keine Zeit. Wir existieren immer gleichbleibend und in einem schönen Zustand. Geistige Führer spüren, wenn die Menschen ihnen ihre Liebe entziehen. Genauso spüren wir eure negativen Gedanken, wir fühlen uns dann noch mehr für euch verantwortlich. Redet niemals schlecht über andere. Ihr dürft euch austauschen und eure Meinung sagen, aber niemanden anschwärzen oder Lügen verbreiten. Bei solchen Ereignissen empfinden wir echten Schmerz.“

F.: „Wie gehst du mit diesem Schmerz um?“
A.: „Ich transformiere ihn in positive Energie.“

F.: „Ich habe gelesen, dass man sein Leben beenden darf, wann immer man will. Wie ist das gemeint?“
A.: „Hier ist nicht der Selbstmord gemeint, sondern unser innerstes Ich setzt den Zeitpunkt des Todes selbst.“

F.: „Ist Selbstmord das Schlimmste, das es gibt?“
A.: „Er ist schlimm, aber noch schlimmer ist der Mord.“

F.: „Warum ist Mord so schlimm? Man kann doch eine Seele nicht töten?“

A.: „Der Mord ist deswegen so schlimm, weil man der ermordeten Seele den größtmöglichen Hass, Demütigung und Vernichtungswunsch auflädt. Es entsteht eine schlimme Hasssituation."

F.: „Steht beim Sexualmord die Lust im Vordergrund?"
A.: „Nein, die Lust ist zweitrangig, sie wird nur vorgeschoben. Der Mord ist vordergründig."

F.: „Können Süchte auch ohne Hilfe der Kinesiologie aufgelöst werden?"
A.: „Ja, man muss den Wesensstern stärken und mit der Sucht in Verbindung bringen. Ganz wichtig dabei ist, sich bewusst zu machen: **Ich bin der ich bin.** Die Kinesiologie hat hier nur Placeboeffekt. Ein großer Teil der Menschen braucht nachvollziehbare Behandlungen, das ist mit ihr gewährleistet."

F.: „Welche Tätigkeit ist für mich die Wichtigste? Die Arbeit mit der Kinesiologie, das Heilen mit Hilfe der geistigen Welt oder das Abhalten von Kursen und Seminaren?"
A.: „Das Heilen."

F.: „Was hältst du vom Fleischessen?"
A.: „Das Fleisch ist für den menschlichen Körper nicht besonders gut. Er kann es zwar verarbeiten. Der Organismus hat aber dabei Schwierigkeiten. Menschen, die Fleisch essen, sind aggressiver, unruhiger und unausgeglichener.

F.: „Du bist ein Energiewesen. Wie du hörst, weiß ich. Wie siehst du?"

A.: „Ich bin feinstofflich und brauche kein Organ zum Sehen. Bei mir genügt die Vorstellung und ich sehe. Für mich gibt es keine Dunkelheit, es ist immer hell. Ich sehe eure Dunkelheit nicht, aber ich weiß, dass sie vorhanden ist."

F.: „Wo bist du mehr, „hier" oder „drüben"?"
A.: „Ich bin immer bei dir, ich bin aber auch immer „drüben". Trotzdem bin ich nicht zweigeteilt. Ich weiß, dass das schwer zu verstehen ist."

F.: „Wie spürst du Energie?"
A.: „Vom Prinzip her spüren der Mensch und der geistige Führer die Energie gleich."
Diese Energie kann man auf vielfältige Weise spüren. Das kann ein Wärmegefühl, ein Kribbeln oder ein generell angenehmes Körpergefühl sein. Jeder empfindet das anders.

F.: „Wie kann der Mensch seine geistigen Führer wahrnehmen?"
A.: „Erste Voraussetzung ist, dass man dafür offen und sensibel ist. Ein guter Weg führt über das Einatmen seiner Energie, man kann sich aber auch vorstellen, dass man sein Licht über den Körper einfließen lässt."

F.: „Hast du mir für heute noch etwas zu sagen?"
A.: „Ich beantworte eure Fragen gerne."
Diese Antwort freute mich, da ich schon ein schlechtes Gewissen wegen meiner Neugierde hatte.

6.10.2000

Frau Wieser verspürte heute ein beklemmendes Gefühl im Brustbereich. Wir arbeiteten mit der Haralinie und dem Seelensitz und lösten auf diese Art und Weise ihre Beklemmungen auf. Anschließend sprachen wir mit Agilus.

F.: „Singen sich die Sterne untereinander zu?"
A.: „Die Sterne sind untereinander mit Schwingungen verbunden. Wenn jemand glaubt, die Sterne singen zu hören, dann ist das die Wahrheit des Einzelnen."

F.: „Kann die Seele von der geistigen Welt ausgelöscht werden?"
A.: „Nein, das geht nicht, die Seele ist unsterblich."

F.: „ Du bist „drüben", wo ist das?"
A.: „Das ist für euch schwer zu verstehen. In solchen Stunden wie jetzt seid ihr mehr „drüben" als „herüben". Es ist eine andere Bewusstseinsebene. Es gibt verschiedene Bewusstseinsebenen, auf denen die geistige Welt gleiten kann. Verstorbene sind noch teilweise „herüben" und teilweise schon „drüben". Dieses „drüben" ist örtlich nicht greifbar. Unser aller Ziel ist, die höchste Ebene zu erreichen."

F.: „Ist Dunkelheit eine andere Form des Lichtes?"
A.: „Ja, aber ich muss mich damit nicht mehr auseinandersetzen."

F.: „Sind Liebe und Licht die stärksten Mächte, die es gibt?"
A.: „Die Liebe ist stärker als das Licht, sie ist emotional. Ich bin mit beiden verbunden, deshalb sehe ich die Dunkelheit nicht."

F.: „Wie nimmst du Musik wahr?"
A.: „Ich nehme sie in Schwingungen wahr."

F.: „Kann ich deinen Energiekörper mit meinen Händen spüren?"
A.: „Nein, das kannst du noch nicht. Du hast die geistige Verbindung mit mir, das ist wichtiger als das Spüren. Ich bin vorerst nur gedanklich für dich greifbar."

F.: „Ich verstehe die spirituelle Sehnsucht jetzt besser. Sie begleitet uns auf dem Weg nach Hause. Wenn man in sich geht, weiß man, wo man zu Hause ist. Das Zuhause der Menschen ist der göttliche Wesensstern. Er ist ewig. Stimmt meine Vermutung?"
A.: „Ja, du hast recht!"

F.: „Hast du auch Sehnsucht nach dem göttlichen Wesensstern (Göttlichkeit)?"
A.: „Eine Restsehnsucht bleibt immer. Es ist aber für mich leichter, denn ich kenne den Weg dorthin. Eigentlich ist es für mich mehr eine Vorfreude."

F.: „Kann der geistige Führer Karma auflösen?"
A.: „Es muss nicht alles durchlebt werden, was sich angesammelt hat. Es muss vergeben werden und ihr müsst vergeben. Der Segen liegt auf dem Ganzen. Man verzeiht oder bereut und

begibt sich dadurch in vollkommene Harmonie. Es darf keinen Neid, Hass oder Zorn mehr geben und es müssen sämtliche positiven Gefühle wie z. B. Gelassenheit, Frohsinn und Glück verstärkt werden."

Agilus korrigierte mit diesen Worten meine bisherige Meinung über die Aufarbeitung von Karma. Es ist nicht generell wichtig, über die vergangenen Leben Bescheid zu wissen. Jede Seele wählt sich vor der Geburt die Eltern aus, die ihr bestimmte Lebensumstände oder personale Beziehungen ermöglichen und die sie zur Aufarbeitung braucht. Das ist dem Menschen aber nicht bewusst. Aufgrund dieser Tatsache soll sich keiner über seine persönlichen Lebensumstände beklagen. Das Leben spiegelt nur den karmischen Stand des Einzelnen wider.

Entscheidend ist also nur die persönliche Reaktion auf Angriffe, Ärger, Wut, Hass, Ungerechtigkeiten usw. Diese Gefühle werden erst in dem Moment zum Problem, wenn man mit gleicher Waffe zurückschlägt. Ein Angriff kann mich nur dann treffen, wenn ich so darauf reagiere, dass ich mich verletzt fühle oder auch aggressiv werde. Streit wird erst zum Problem, wenn man sich darauf einlässt. Löst man aber diese schlechte Schwingung in Liebe auf, so löst man damit auch sein Karma. Liebe ist die stärkste Macht der Welt (Agilus).

Es muss ein Prozess des Umdenkens stattfinden. Es fällt zunächst sehr schwer, diese Streitsituationen unter dem Aspekt der Liebe zu betrachten und nicht wie gewohnt zu reagieren.

Gelingt das nicht, so sendet man der noch nicht beherrschten Situation wenigstens einen liebevollen Gedanken nach.

Wenn man dies eine Zeitlang praktiziert, wird man auch die Veränderung seines Umfeldes bemerken. Die Angriffe werden automatisch weniger und die eigenen Reaktionen immer gelas-

sener. Das Endziel ist ein absolut liebevoller und friedlicher Zustand.
Schon morgens soll man sich positiv auf den Tag einstimmen und abends den vergangenen Tag gedanklich durchgehen und sich problematische Situationen besonders bewusst machen.

F.: „Schädigt man beim Rauchen alle Auraschichten?“
A.: „Ja, eine gesunde Aura ist Ausdruck eines gesunden Körpers.“
Beim Raucher müssen alle Auraschichten gereinigt werden.

13.10.2000

Frau Wieser hatte Angst, dass die rechte Brust nicht in Ordnung sei. Wir führten über das Dritte Auge ein Gespräch mit ihr und erhielten die Auskunft, dass sie nicht das Gleiche wie die linke Seite erleben möchte. Ich machte Frau Wieser auf Folgendes aufmerksam: „Wer Angst hat, ist nicht in der Liebe!“ Da wurde ihr bewusst, dass sie ihre Brust nicht mag. Wäre sie nicht vorhanden, so könnte sie auch nicht erkranken. Wir führten mit der Brust ein klärendes Gespräch und sandten ihr göttliche Liebe. Die Ängste von Frau Wieser lösten sich auf und es machte sich ein Gefühl der Zufriedenheit breit.
Außerdem hat Frau Wieser Probleme mit der Mistelkur. Die Einspritzstelle war stark entzündet und der Körper reagierte mit großer Müdigkeit. Agilus meinte, dass die Dosis zu hoch wäre. Sie hätte mit der Serie Null anstatt mit der Serie Zwei beginnen sollen. Das hätte auch der Arzt wissen müssen.

Immer wieder gab es körperliche Beschwerden mit meiner rechten - also gesunden - Brust. Manchmal dachte ich daran, dass es gut wäre, einfach keine Brust mehr zu haben und somit auch keinen Auslöser für eine erneute Erkrankung. Ich musste ein anderes Verhältnis zu ihr aufbauen, ihr Liebe senden, sie trösten und sie gut behandeln.

Insgesamt bin ich zwar ein optimistischer Mensch, doch es gab immer wieder Tiefpunkte, die ich überwinden musste. Das gelang mir mit der Hilfe der geistigen Welt.

Mit der Mistelkur begannen neue Probleme. Sie war zu hoch dosiert und so kam es zu einer Überreaktion des Körpers in Form eines grippeähnlichen Zustandes. Die Dosis wurde nach Rücksprache mit dem Arzt verringert und ich vertrug die Wirkstoffe fortan besser.

F.: „Ich habe „Bewusstseinsebene" so verstanden, dass es der Entwicklungsstand der Seele ist und kein bestimmter Ort. Stimmt das?"
A.: „Ja, das hast du richtig verstanden."

F.: „Kann man sein ganzes Karma in einem einzigen Leben lösen?"
A.: „Ja, aber das ist sehr schwer."

F.: „Haben geistige Führer auch einen freien Willen?"
A.: „Wir brauchen keinen freien Willen mehr, denn wir sind in der Vollkommenheit. Wir dienen nur dem Guten."

F.: „Können geistige Führer, die sich ja auf der letzten Bewusstseinsebene befinden, frei entscheiden, wann sie in die Göttlichkeit eingehen wollen?“
A.: „In die Göttlichkeit können wir erst eingehen, wenn der uns anvertraute Mensch seine letzte Inkarnation hinter sich und den ganzen Prozess der Läuterung vollbracht hat. Wir helfen aber gerne dabei. Auch in der Göttlichkeit hilft man, aber nicht mehr dem Einzelnen, sondern der Allgemeinheit.“

F.: „Wie viele Ebenen der Läuterung gibt es im Jenseits?“
A.: „Es gibt drei Ebenen der Läuterung. In der ersten arbeitet man Restbestände vom Erdendasein auf. Dies geschieht durch die eigene Erkenntnis. In allen Ebenen wird man von verschiedenen Geistwesen betreut und von ihnen zur nächsten Ebene begleitet. Der persönliche geistige Führer ist immer dabei. Eine weitere Ebene ist die Stufe der vollen Erkenntnis. Hier herrscht vollkommene Klarsicht aller Dinge und die volle Wahrheit. Es gibt keine Verschleierung mehr. Die letzte Stufe ist für euch Menschen noch nicht von Bedeutung, weil ihr diesen Weg nicht verstehen würdet.“

F.: „Ist die Monogamie von der geistigen Welt gewollt?“
A.: „Euer Denken erfordert die Einehe, weil ihr nicht in der Lage seid, ohne Besitzansprüche und Eifersucht uneingeschränkt zu lieben.“

F.: „Du bist als Agilus bekannt, wie heiße ich?“
A.: „Man erkennt die Seele, sie hat keinen Namen. Jede Seele ist ein Individuum.“

F.: „Ist Dicksein eine Sucht?“

A.: „Nein, nicht direkt. Es ist ein Kreis, aus dem man alleine schwer herauskommt. Dicksein ist Frust, weil man seine Persönlichkeit nicht mag. Der Auslöser dieses Frustes ist aber zunächst die allgemeine Lebenssituation, mit der man nicht klar kommt.
Bei der Behandlung ist es wichtig, zuerst den Wesensstern mit göttlicher Energie zu laden und diese Energie in alle Zellen des Körpers abzugeben. Der zweite Schritt ist, den Wesensstern dahingehend zu besprechen, dass man seine Körperfülle liebt und akzeptiert.
Das ist die Grundlage des Abnehmens. Anschließend muss der Wesensstern auf Abnahme programmiert werden. Der Ausgangspunkt ist immer: **Ich bin der ich bin.** Das bedeutet, die göttliche Grundessenz in euch muss hervorgehoben werden."
Der Wesensstern muss mehrmals auf diese Art stabilisiert werden. Zusätzlich gehören die Essensgewohnheiten verändert."

F.: „Auf welcher Ebene stehen geistige Führer?"
A.: „Wir befinden uns in der höchst möglichen Bewusstseinebene. Es ist uns aber auch möglich, uns darunter aufzuhalten. Ihr Menschen befindet euch auf der untersten Ebene.
Ihr seid zwar in der Lage, euch in eine höhere Ebene zu begeben, aber nur kurzzeitig. Ihr müsst dann wieder zurück."

Diese Veränderung nach oben erlangt man u. a. bei der Meditation. Bei meiner Arbeit muss ich in der Lage sein, die Ebenen zu wechseln. Das geschieht unbewusst mit Hilfe meines geistigen Führers.

Wir sprachen nun das erste Mal mit Gott. Jeder Kontakt mit der geistigen Welt fühlt sich anders an. Während Agilus raumfüllend und sehr gesprächig wirkt, fühlt sich Harkon stark und wortkarg an. Bei Gott spürte Frau Wieser vollkommene Ruhe und Harmonie.

F.: „Ist der Heilige Geist der weibliche Anteil Gottes?"
A.: „Es gibt keine Trennung zwischen weiblich und männlich, beides geht stufenlos ineinander. Der Heilige Geist ist der aktive Teil, Gott ist der statische. Der Heilige Geist ist der Vermittler auf Erden. Er ist für den Menschen erfahrbar."

Zu Frau Wieser sagte er speziell, dass sie mehr Fröhlichkeit leben und diese auch nach außen geben sollte.

14.10.2000

Ich hatte schon längere Zeit Rückenschmerzen und bat Frau Wieser um Hilfe. Wir sprachen mit Agilus und erfuhren folgendes:
„Du könntest in deiner Entwicklung einen Schritt weitergehen, wenn du keine Angst davor hättest. Doch dein Unterbewusstsein blockiert das. Es hat nichts mit deiner Beziehung zu mir zu tun."
Schmerzen sind immer blockierte Energien (oft aus einer falschen Denkweise heraus), die sich auf der Körperebene manifestieren. In meinen Fall war das die Angst bezüglich der weiteren Entwicklung durch die geistige Welt.

Frau Wieser legte mir die Hände auf und Agilus sandte uns drei Engel. Sie schoben meine Schmerzen weg.

Als mich Frau Kähn wegen stärkerer Rückenschmerzen um Hilfe bat, war ich etwas verunsichert. Ich sollte ihr die Hand auflegen - erwartete sie nicht etwas zu viel von mir? . Ich wollte mich als Werkzeug der geistigen Welt einsetzen lassen. Also versuchte ich es, konzentrierte mich ganz fest und es funktionierte.
Es war ein schönes Gefühl, einem anderen Menschen auf diese Weise helfen zu können. Wurde hier ein neuer Grundstein für mich gelegt?

20.10.2000

F.: „Ich glaube, dass die Blockade bezüglich meiner Weiterentwicklung gelöst ist."
A.: „Ja, das stimmt."

F.: „Wie wurde sie gelöst?"
A.: „Durch die letzte Meditation mit mir. Die Rückenschmerzen machten dich sensibler für deine Arbeit."

F.: „Warum verspürte Frau X während des Handauflegens eine plötzliche Kälte?"
A.: „Die Kälte kam von ihren eigenen Gedanken. Mit Angst und Unsicherheit blockiert man sich selbst."

F.: „Wer entscheidet bei mir das Weiterkommen?"
A.: „Du hast alles selbst in der Hand. Ich helfe dir zwar dabei, aber ausführen musst du es selbst. Jeder Schritt erfolgt durch das Stärken deines Vertrauens. Du hast alle Zeit der Welt, du kannst es aber auch schnell machen. Bestimmte Dinge brauchen aber seine Zeit, man kann nichts erzwingen."

F.: „Hast du auch Ruhepausen?"
A.: „Nein, das brauche ich nicht."

F.: „Wenn wir Karma löschen, ist das auch für dich gut?"
A.: „Ja, alle geistigen Führer freuen sich über jeden Fortschritt der Menschen."

F.: „Woher kommt die Seele?"
A.: „Gott ist ohne Anfang und Ende, die Seele jedoch hat einen Ursprung. Die erste Zeit waren wir ganz eng beisammen. Daher kennen wir uns alle. Irgendwann lösten sich aus dieser Ganzheit einzelne Seelen und wurden zu Individuen. Zur gleichen Zeit erschuf Gott das Gesetz der Polarität. Die erste Notwendigkeit war, als Gegenpol zur Liebe die Angst zu erschaffen. Der freie Wille des Menschen ermöglicht ihm, den Weg der Liebe oder den Weg der Angst zu gehen."

F.: „Was ist ein Erzengel?"
A.: „Ein Erzengel ist ein Engel mit einem bestimmten Zuständigkeitsbereich. Es handelt sich hier um reine Koordinationsaufgaben."

F.: „Kann die Seele nach ihrer letzten Inkarnation selbst entscheiden, ob sie ein geistiger Führer, ein Erzengel, ein Schutzengel oder ein anderes geistiges Wesen wird?"
A.: „Nein, es ergibt sich einfach."

F.: „Hat sich Luzifer von Gott getrennt?"
A.: „Nein, es ist nur ein Gleichnis für den Menschen, um das Schlechte zu versinnbildlichen. Ein Engel kann sich nicht von Gott abwenden."

F.: „Ich habe gelesen, dass ein Teil der Engel sich von Gott abgewendet und über eine Lichtmauer gegangen sein soll."
A.: „Nein, das gab es nie. Nur die Menschen haben einen freien Willen, die Engel hingegen sind in der Vollkommenheit. Sie können sich also nicht von Gott abwenden."

F.: „Was sind Besetzungen?"
A.: „Es können negative Schwingungen sein, es kann sich aber genauso um erdgebundene Seelen handeln. Die Ablösung geschieht immer mit Hilfe des Schutzengels."

F.: „Es heißt, dass Bettnässen ein Weinen der Seele des betroffenen Kindes sei. Wie siehst du das?"
A.: „Ja, so ist es. Du kannst sowohl mit der Kinesiologie als auch mit dem Wesensstern arbeiten."

27.10.2000

F.: „Bin ich schon einmal mit Gott verschmolzen?"

A.: „Ja, aber es geht noch intensiver. Es ist für euch Menschen nur deswegen so schwierig, weil ihr von Gott eine falsche Vorstellung habt. Es geht genauso wie mit mir."

F.: „Ist das Gefühl beim Geschlechtsverkehr ähnlich dem bei der Verschmelzung mit Gott?"
A.: „Ja, das stimmt, man kann hier im geistigen Bereich kurzzeitig die totale Glückseligkeit erleben, wobei die Grundvoraussetzung natürlich die wahre Liebe ist."
Die Sexualität ist nicht auf die rein körperliche Ausdrucksform begrenzt, sondern sie ist eine geistige Kraft, die der Seele unvorstellbare Bewusstseinserweiterungen bringen kann. Im Augenblick der Vereinigung kann sie das Gefühl des Getrenntseins verlieren und die Verschmelzung mit dem Göttlichen erfahren. Die Seele erhebt sich durch ihre eigene Läuterung in himmlische Ebenen und erfährt dadurch ihre Erleuchtung.
Dieses Feuer lodert in allen Menschen. Es ist ein Geschenk, dessen Bedeutung vielen nicht bewusst ist. Der Mensch hat auch hier den freien Willen, diese Kraft zu seiner Weiterentwicklung zu verwenden oder damit ein riesiges Potential an Macht oder Gewalt auszulösen.

F.: „Kann ein Mensch so weit kommen, dass er die Dunkelheit nicht mehr empfindet?"
A.: „Nein, die Menschen müssen mit den Gesetzen leben, die bei euch ihre Gültigkeit haben."

F.: „Erinnerst du dich noch an deine ersten Worte, die du zu mir sprachst?"
A.: „Ja, was ich einmal gesagt habe, hat auch heute noch seine Gültigkeit."

F.: „Welche Bewandtnis hat es mit erdgebundenen Seelen?"
A.: „Sie werden sehr oft von ihren Angehörigen nicht losgelassen. Sie suchen jemanden, der für sie leidet oder betet. Sie machen auf sich aufmerksam. Es kann aber auch sein, dass sie aus Unkenntnis über die Vorgänge in der geistigen Welt die Ebenen nicht wechseln können. Nach einem klärendem Gespräch lassen sie sich meist ablösen."

F.: „Warum haben alle geistigen Führer männliche Namen?"
A.: „Für euren Sprachgebrauch müssten sie eigentlich sächlich sein. Man wählte jedoch das Männliche, weil dadurch eine gewisse Stärke vermittelt wird."

F.: „Beim Meditieren spüre ich in der rechten Hand einen Energiefluss. Bist das du?"
A.: „Ja, ich kann mich auf diese Art und Weise bei dir bemerkbar machen."

F.: „Haben auch Tiere einen geistigen Führer?"
A.: „Ja, es handelt sich hier aber um eine andere Energie wie beim Menschen. Diese Energie ist in der geistigen Welt aber gleichwertig mit der der geistigen Führer."

F.: „Wie war meine Beziehung zu meinem Vater?"
A.: „Sie war gut, die Kindheit war in Ordnung. Er hat dich mit Freude aufgenommen."

F.: „Ich hatte bis vor kurzem ein falsches Bild von meinem Vater. Kann ich das nachträglich ändern?"

A.: „Gut, dass du mich danach fragst. Du sollst deine Einstellung zu ihm ändern. Du kannst über Gebete und Gedanken sehr viel Gutes für ihn tun. Diese Tätigkeit gehört bei dir zum Löschen deines Karmas."

F.: „Kann man auch das Karma seiner Angehörigen löschen?"
A.: „Nur so weit, wie deren Karma mit deinem Karma verbunden ist. Alles andere muss jeder für sich alleine erledigen."

4.11.2000

Heute arbeiteten wir wieder mit Harkon. Er erzählte Frau Wieser, dass ihre Bemühungen zur Harmonie in der Familie zwar gut seien, dass sie aber noch nicht ausreichten.

Im Anschluss daran sprachen wir mit Agilus. Mir fällt es immer noch schwer anzuerkennen, dass Agilus ein Geistwesen ist, das man zwar sehen und spüren, aber nicht berühren kann.
In meiner Vorstellung von festen Dingen kann reine Energie nur schwer eingeordnet werden. Nach vielen Überlegungen kam ich zu dem Entschluss, dass geistige Verbundenheit mehr wert ist als körperliche Berührung. Agilus freut sich immer sehr über meine kleinen Erkenntnisse.

F.: „Kannst du auch lachen?"
A.: „Nein, ich kann nur Fröhlichkeit und Harmonie ausstrahlen. Lachen, das könnt nur ihr Menschen."

F.: „Was geschieht, wenn der Mensch und sein geistiger Führer miteinander verschmelzen?“
A.: „Da geistige Führer keine Aura haben, findet das Verschmelzen über die beiden Wesenssterne statt. Das kann z. B. während einer Meditation bewusst herbeigeführt werden. Dabei solltest du wissen, dass eine totale Verschmelzung des Menschen mit seiner Führung nur im Jenseits möglich ist. Im Diesseits findet nur ein Verweben der Wesenssterne statt.“

F.: „Was ist spirituelle Ekstase?“
A.: „Es ist ein „Außer sich geraten“ aus der Körperlichkeit mit der Hinwendung zur geistigen Welt. Es muss alles stimmen, z.B. der Zeitpunkt, der Ort und die Gefühlswelt.“

F.: „Wo liegt der Unterschied zwischen spiritueller Ekstase und verschmelzen?“
A.: „Die Ekstase ist eine Stufe höher als das Verschmelzen. Du bringst dich selbst in diesen Bewusstseinszustand, ich kann dir dabei nicht helfen. Du verlierst für Sekunden das Körperbewusstsein. Es ist schön für dich, wenn du diesen Zustand erreichen kannst, es ist aber nicht wichtig.“

F.: „Ich vergesse nach der Arbeit öfter, mich bei dir zu bedanken.“
A.: „Das ist nicht so schlimm. Da Zeit für mich bedeutungslos ist, ist der genaue Zeitpunkt des Bedankens unwichtig.“

F.: „Warum steigt man bei der Narkose aus dem Körper aus?“
A.: „Die Anwesenheit der Seele ist bei einer Operation nicht erforderlich.“

F.: „Wird der Mensch von verschiedenen geistigen Führern geführt?"
A.: „Nein, man kann aber kurzzeitig einen anderen Führer haben, wenn spezielle Aufgaben gelöst werden sollen."

F.: „Was hat es zu bedeuten, wenn auf manche Frage keine Antwort kommt?"
A.: „Dann ist die Frage unwichtig."

8.11.2000

Unsere Kinder Regina und Michael, beide zwölf Jahre alt, redeten heute mit ihren Schutzengeln. Zunächst stellte mein Sohn Michael seine Fragen:

F.: „Wie heißt du?"
A.: „Mein Name ist Bernadettus."

F.: „Hast du mir etwas zu sagen?"
A.: „Du sollst alleine lernen und unanständige Gesten unterlassen."

F.: „Warum habe ich mit Regina die letzten Jahre so viel gestritten?"
A.: „Ihr musstet beide eigene Freunde finden, deshalb habt ihr euch nicht vertragen."

Nun war Regina (Frau Wiesers Tochter) an der Reihe:

F.: „Warum wurde mir Maso (ein Meerschweinchen) weggenommen?“ (Es ist gestorben).
A.: „Damit du lernst, dass man ein Lebewesen nicht in dieser Welt festhalten kann.“

F.: „Warum geht mir alles kaputt, was ich gerne habe?“
A.: „Damit du lernst, nicht an allem so zu hängen.“

F.: „Werde ich in der Schule einmal bessere Noten schreiben?“
A.: „Ja, du musst selbstsicherer werden und nicht so oft fragen: „Kann ich das?“ Bleibe ruhig und schlafe vor jeder Schulaufgabe gut aus.“

F.: „Kann man sich seine Eltern selbst aussuchen?“
A.: „Man hat einen gewissen Willen. Aufgrund dieses Willens sucht man sie sich selbst aus. Du bekamst deine jetzigen Eltern, weil du bei ihnen lernen sollst, mit beiden Beinen auf dem Boden zu stehen.“

Regina erzählte nachher, dass sie während des ganzen Gespräches ihren Schutzengel klar und deutlich gesehen hat. Er stand in einem Wald. Es war eine männliche weiße Gestalt ohne Flügel. Zum Schluss machte er ein paar große Schritte auf sie zu und löste sich dann auf.

10.11.2000

Gespräch von Frau Wieser mit Harkon:

F.: „Was hast du mir heute Wichtiges zu sagen?"
A.: „Die Familiensituation einschließlich deiner Gesundheit verläuft zur Zeit sehr harmonisch. Es kommt in naher Zukunft etwas sehr Schönes auf euch zu."

F.: „Wie heißt mein Schutzengel?
A.: „Eklatus, der Erleuchtete."

Frau Wieser erzählte mir an diesem Tag, dass ihre rechte Brust schmerzen würde. Es erfasste sie immer wieder die Angst, erneut zu erkranken.
Über eine Reise durch den Körper baute ich bei Frau Wieser diese Angst ab. Im Anschluss nahmen wir wieder über das Dritte Auge mit der rechten Brust Kontakt auf. Wir erhielten drei konkrete Auskünfte:

1. Bei den Schmerzen handelt es sich um hormonelle Ursachen. Wir sollen sie über die Kinesiologie suchen.
2. Es ist zusätzlich eine Muskelverspannung vorhanden, die über warmes Wasser, eine leichte Massage und eine Wärmecreme abgebaut werden kann.
3. Frau Wieser kann ihre Brust immer noch nicht annehmen.

Wir legten gedanklich einen Kanal vom emotionellen Herzen zur Brust, holten uns göttliche Liebe und ließen sie einfließen. Frau Wieser musste das zu Hause öfter wiederholen. Den Kanal entfernten wir später wieder. Wir sprachen auch darüber, dass die Brust nicht nur zum Stillen der Kinder da sei, sondern auch als wichtiges Sex- und Lustmerkmal dient.

Nun sprachen wir mit Agilus:

F.: „Ist Schutzengel und geistiger Führer das Gleiche?"
A.: „Sie sind zwei geistige Wesen, die aneinander gekoppelt sind. Zwischen ihnen besteht reine Harmonie und man kann sie nicht voneinander lösen. Es besteht wiederum eine Dreierbeziehung mit dem Menschen. Jeder der beiden hat seinen eigenen Zuständigkeitsbereich. Der Schutzengel ist für den Schutz und die äußeren Einflüsse zuständig, der geistige Führer für die Weiterentwicklung des Menschen."

Die Auskunft, dass der geistige Führer und der Schutzengel zwar getrennte Wesen, aber trotzdem eine Einheit sind, überraschte mich etwas. Ich stellte mir die Frage, ob ich beim Meditieren nun zwei Ansprechpartner habe. Mein inneres Gefühl wehrte sich dagegen, da ich sehr stark auf Agilus fixiert bin.

F.: „Soll ich in Zukunft sowohl mit dem Schutzengel als auch mit dem geistigen Führer meditieren?"
A.: „Nein, verhalte dich wie bisher."

F.: „Hast du auch eine Aura?"
A.: „Eine Aura wie die Menschen besitze ich nicht. Mich umgibt aber eine starke Schicht, welche Schwingungen abgibt. Das spürst du beim Meditieren. Alle Ausstrahlungen der geistigen Welt sind positiv."

F.: „Bei meiner letzten Meditation bin ich eingeschlafen. Plötzlich verspürte ich eine ganz starke Energie durch meinen Körper fließen, es fühlte sich wie ein kleiner Stromschlag an. Als ich auf die Uhr schaute, merkte ich, dass zwei Stunden vergangen waren. Hast du mich geweckt?"
A.: „Ja, das war ich."

F.: „Waren energetische Wirbel der Ursprung der Sprache und der Mathematik?"
A.: „Die Sprache entspricht den Grundbedürfnissen des Menschen."
Für die Mathematik erhielten wir keine Antwort.

F.: „Bis vor einem Jahr hatte ich nachts häufig ein sehr unangenehmes Gefühl im Kopf. Ich erwachte und versuchte mich zu orientieren. Das gelang aber nicht, weil ich keinen Gedanken fassen konnte. Es bestand immer ein Gefühl der absoluten Leere. Was hatte das zu bedeuten?"
A: „Du hast eine Astralreise gemacht. Der Körper erwachte, ehe die Seele wieder vollständig eingetreten war. Daran waren äußere Umstände schuld. So konnte dein Gehirn noch nicht arbeiten. Ähnliche Situationen treten oft auch nach Operationen auf."

F.: „Wie geht es bei Frau Wieser und mir weiter mit der Karmaauflösung?"
A.: „Ihr müsst so weitermachen, wie ich es euch gesagt habe: Versucht mit allen äußeren Angriffen liebevoll umzugehen."

F.: „Ich will in unserem Buch auch über meine Schwierigkeiten beim Umgang mit der geistigen Welt erzählen. Soll ich das?"
A.: „Ja, das ist teilweise die Absicht dieses Buches."

F.: „Letzte Woche ereignete sich ein schlimmes Seilbahnunglück in Österreich. Warum schlug das Schicksal hier so brutal zu?"
A.: „Jeder Unfall ist die Summe von negativen

Schwingungen, welche die Menschen selbst aussenden. Ihr stört das Gleichgewicht der Natur, dadurch entstehen diese Energien, die sich irgendwann ballen und dann entladen. Hier schlägt nicht die Natur zurück, sondern ihr Menschen müsst erkennen, dass ihr derartige Unfälle selbst produziert. Unbewusst haben alle Insassen der Seilbahn den Tod selbst gewählt."

F.: „Die betroffenen Seelen sind doch nach einem solchen Ereignis vollkommen verstört?"
A.: „Ja, aber nur kurzzeitig. Es wird ihnen von uns geholfen. Ich verstehe, dass solche Unfälle für euch schlimm sind. Die geistige Welt jedoch sieht es anders, weil wir eine ganz andere Denkweise über solche Unglücksfälle haben. Das macht die Sache für euch so schwierig."

F.: „Wird man als geistiger Führer eingewiesen?"
A.: „Ja, man erhält hier vielfältige Hilfen."

Geistige Führer gehen in die Göttlichkeit ein, wenn ihr Schützling selbst geistiger Führer geworden ist.
F.: „Schmerzt der Abschied von seinem geistigen Führer, wenn dieser in die Göttlichkeit eingeht?"
A.: „Nein, man freut sich mit ihm."

17.11.2000

Bei unserem heutigen Gespräch war auch Herr Wieser anwesend. Ich glaube, dass er über unseren Umgang mit der geistigen Welt sehr erstaunt war und manches noch bezweifelte.

Zum ersten Mal nahm mein Ehemann an unseren Sitzungen teil. Das war für mich ungewohnt und neu. Ich kenne seine Einstellung und ich liebe ihn dafür um so mehr. Obwohl er sich sehr für diese Thematik interessiert, hatte er noch keinen bewussten Zugang. Das erschwerte ihm die ganze Sache. Er las viele Bücher, ließ sich von mir berichten und wusste schon einiges. Er bedauerte es, nicht mitmachen zu können. Für mich ist es nur eine Frage der Zeit. Früher oder später wird er dabei sein.

Harkon sagte uns noch, wir sollten mit meinem Schutzengel Emilian sprechen, weil er mir etwas zu sagen hätte.
Emilian empfahl mir, mich bei jeder Behandlung vor negativen Energien besser zu schützen. „Mache es so, wie es Agilus schon empfohlen hat: Sprich ein Gebet, schütze dich mit göttlichem Licht oder hole dir Schutz über die Atmung.
Denke im alltäglichen Leben nie: „Hoffentlich geschieht nichts", sondern fordere den Schutzengel des zu Schützenden an und bitte um seine Fürsorge."

Als Nächstes sprachen wir mit Agilus:

F.: „Du weißt alles, ohne es gelernt zu haben?"
A.: „Ich habe ein Universalwissen, weil ich vollendet bin."

F.: „Wusste die geistige Welt, dass dieses Seilbahnunglück geschehen würde?"

A.: „Ja, es war bekannt bei uns. Für uns ist es nicht wichtig, wie ein Unfall abläuft, wichtig ist nur, dass wir die Seelen auffangen."

F.: „Können wir etwas zur Schmerzlinderung der Angehörigen tun?"
A.: „Ihr könnt für die Angehörigen beten und deren geistige Führer um Schmerzlinderung bitten. Jedoch haben viele keinen Zugang zur geistigen Welt, so dass ihr euch hier schwer tun werdet."

F.: „Sind die Seele und der Wesensstern genau so gekoppelt wie der Schutzengel und der geistige Führer?"
A.: „Der Schutzengel und der geistige Führer sind gleichwertig, während der Wesensstern der Seele untergeordnet ist. Der Wesensstern ist die Nahrung der Seele. Sie können sich aber nicht voneinander lösen."

F.: „Schädigt Fernsehen die Aura?"
A.: „Das kann man nicht generell so sagen. Gute Filme stärken sie sogar. Es dürfen keine Gewalttätigkeiten bei Mensch und Tier zur Schau gestellt werden. Es gehört zur Lebensrealität, dass Morde und Gräueltaten geschehen, aber das sollte nicht unter dem Aspekt des Lustgewinns gezeigt werden. Sendungen mit dem Sieg des Guten über das Böse sind für Kinder in Ordnung, da sie lernen müssen damit umzugehen."

F.: „Woher bezogen die Menschen in früheren hohen Kulturen ihr Wissen?"
A.: „Die Menschen besaßen früher noch ein Universalwissen. Sie hatten ihre persönlichen Zugänge zur geistigen Welt und

waren deshalb in der Lage, ihre hohen Kulturen aufzubauen."

F.: „Betest du viel für dich?"
A.: „Nein, ich brauche das nicht mehr, da ich in vollkommenem Einklang und in Harmonie lebe. Gute Gebete für euch sind das „Vaterunser" und das „Ave Maria."

23.11.2000

F.: „Meine Sehnsucht nach der geistigen Welt kommt zur Zeit wieder stark hoch. Warum?"
A.: „Es ist ein Heimweh, eine Erinnerung an die Göttlichkeit, eine Ahnung von drüben. Wenn du diese Sehnsucht nicht hättest, wäre die Verbindung zur geistigen Welt nicht so groß. Sie ist für dich sehr wichtig, sonst könntest du diesen Weg überhaupt nicht gehen. Du sollst sie als Antrieb sehen und nicht als Depression."
Ich empfinde diese Sehnsucht nicht negativ. Ich werde von ihr geleitet und motiviert, mich mit diesen Themen zu beschäftigen und mich weiter zu entwickeln. Es ist ein ständiger Antrieb, der keine Last ist, sondern mir Freude bereitet.

F.: „Gibt es auch bei geistigen Führern eine Weiterentwicklung?"
A.: „Es gibt auch bei uns ein Wachstum, es wächst aber nicht das Wissen, sondern die Weisheit. Auf diese Art und Weise erhält man ein großes Verständnis für die Weltlichkeit."

F.: „Ich weiß, dass es junge, mittlere und alte Führer gibt. Ich glaube, du bist ein mittlerer Führer."

A.: „Du hast Recht, ich bin aber an der Grenze zum alten Führer.“

F.: „Wenn du und Emilian (mein Schutzengel) in die Einheit eingehen, gibt es dann noch eure eigene Identität?“
A.: „Es ist ein Verschmelzen, ein Verflechten und ein Verbinden mit dem göttlichen Wesensstern. Es gibt kein Vorher mehr, es gibt nur Jetzt, und zwar die Ewigkeit. Es gibt keine zeitlichen Bindungen.“

F.: „Werden alle Menschen, die ähnlich arbeiten wie ich, von geistigen Führern angeleitet?“
A.: „Ja, alle Menschen, die das Gute damit erreichen wollen, werden angeleitet. Es wissen aber viele nicht, woher die Führung kommt.“

F.: „Woher kommen die „schlechten“ Mächte?“
A.: „Es ist die Unterwelt, es ist der Gegensatz zum Guten. Es muss da sein, damit der Mensch seinen freien Willen leben kann. Es ist eine Summe von schlechten Gedanken und Schwingungen, welche die Menschen selbst verursachen. Es ist der Abfall vom Göttlichen.“

F.: „Hat diese „Unterwelt“ Macht gegen die geistigen Führer und das Göttliche?“
A.: „Nein, sie kann uns nichts anhaben.“

F.: „Steigt man eigentlich jede Nacht aus seinem Körper aus?“
A.: „Es kommt auf den Schlaf an. Wenn man unruhig oder angespannt schläft, dann nicht.“

F.: „Findet dabei eine Kommunikation mit einem geistigen Führer statt?“
A.: „Es ist mehr ein Beisammensein ohne Worte, ein gefühlsmäßiger Kontakt. Der Ausdruck: „Eine Nacht darüber schlafen“ hängt damit zusammen.“

F.: „Du hast mir erzählt, dass du mit mir einmal eine Astralreise unternehmen willst. Ich habe gelesen, dass manche Menschen solche Reisen ganz bewusst unternehmen. Ist das möglich?“
A.: „Nein, diese Reisen kommen immer vom geistigen Führer. Es entsteht aber viel in der Phantasie der Menschen.“

Ich arbeitete vor einigen Jahren mit einem jungen Mann namens H., der geistig behindert war. Ich hatte damals nur die Methoden der Angewandten Kinesiologie zur Verfügung und konnte damit nichts erreichen.
F.: „Wäre ich heute in der Lage, ihm zu helfen?“
A.: „Du könntest auch heute an seiner Situation nichts ändern. Die einzige Möglichkeit heute wäre, seiner Mutter die Annahme der Behinderung ihres Sohnes zu erleichtern.“

In meinem Bekanntenkreis befindet sich ein vierzigjähriger Mann, der seit einem Schlaganfall ans Bett gefesselt ist. Er kann weder sprechen noch seinen Körper bewegen. Die einzige Verständigung geschieht über Kopfnicken oder einen leichten Händedruck.
F.: „Kann ich diesem Mann helfen?“
A.: „Du kannst seinen körperlichen Zustand nicht verändern, du könntest ihm aber auf geistiger Ebene weiterhelfen. Er würde dadurch ein anderes Lebensgefühl erhalten.“

F.: „Vermittelst du mir noch viele Fragen?“
A.: „Ja, auf diese Art und Weise wird ein Urwissen zur Verfügung gestellt.“

F.: „Was machen Tiere im Jenseits?“
A.: „Sie nehmen - wie alle Wesen - an der Glückseligkeit teil. Die Tierseele unterscheidet sich im Jenseits nicht von der Menschenseele. Sie ist nur auf eurer Welt untergeordnet. Diese Seelen gehen genauso in die Göttlichkeit ein wie ihr.“

F.: „Wählen Tiere bei ihrer Inkarnation bestimmte Lebensumstände vorher aus?“
A.: „Nein, das Tier inkarniert einfach. Die Menschen haben einen freien Willen und können Tiere gut oder schlecht behandeln. Das Tier muss es erdulden, wobei der Mensch für sein Verhalten zur Rechenschaft gezogen wird.“

F.: „Wann tritt eine Seele in den Körper ein?“
A.: „Wenn das Herz des Kindes zu schlagen beginnt.“

F.: „Ich habe gelesen, dass die Seele Schwierigkeiten hat, in einem kleinen Kinderkörper Platz zu finden. Stimmt das?“
A.: „Am Anfang ist es für die Seele sehr eng, sie empfindet das als eine Begrenzung.“

F.: „Ich habe gelesen, dass die Seele in diesem Zeitraum öfter den Körper verlassen würde. Stimmt das?“
A.: „Nein, das stimmt nicht.“

F.: „Wann wird der Seele bewusst, dass sie wieder inkarniert?“
A.: „Wenn sich das Kind das erste Mal dreht.“

F.: „Entscheidet der geistige Führer, wann die Seele inkarnieren soll?"
A.: „Die Seele kann sich selbst entscheiden, wobei sie von ihrer geistigen Führung teilweise dazu gedrängt wird."

F.: „Was geschieht mit irdischen Verbrechern im Jenseits?"
A.: „Der Mensch hat sich selbst und aus freiem Willen für diese Art von Leben entschieden. Im Jenseits verfolgt ihn immer das Gefühl seiner schweren Schuld. Im übertragenen Sinne ist es eine Erklärung für den Glauben an die Hölle. Eine Hölle als Ort gibt es nicht, es ist nur eine gefühlsmäßige Hölle für den Einzelnen. Zusätzlich wird die Seele von ihrem geistigen Führer gedrängt, möglichst bald wieder zu inkarnieren. Sie soll auf Wiedergutmachung bedacht sein, wobei aber auch im neuen Leben wieder ihr freier Wille entscheidet. Eine Aufarbeitung schwerwiegender Verbrechen erfordert mehrere Leben."

F.: „Bedeutet „Behinderung" immer eine Aufarbeitung aus früheren Leben?"
A.: „Nein, man darf das nicht so pauschal sehen. Es handelt sich hier auch oft um Karmaaufarbeitung der Eltern. Das Kind schlüpft freiwillig in die Behinderung, um einem oder beiden Elternteilen zu helfen. Eine Behinderung hat immer seinen Sinn und ist von allen Beteiligten vom Unterbewusstsein her so gewollt."

F.: „Warum haben so viele Kinder beim Schreiben eine verkrampfte Hand?"
A.: „Früher haben sich die Kinder viel mehr mit den Händen betätigt. Unter anderem sollen sie viel mit Knetmasse spielen

oder andere Tätigkeiten ausüben, welche die Hände trainieren."

F.: „Ist es in Ordnung, wenn Menschen mit Verstorbenen Kontakt aufnehmen?"
A.: „Ja, das sollte man tun."

F.: „Warum müssen auch Tiere wiedergeboren werden?"
A.: „Weil es eine universale Gesetzmäßigkeit ist."

F.: „Gibt es Menschen, die alle Zusammenhänge in der geistigen Welt begreifen?"
A.: „Nein, das gibt es nicht. Es gibt nur kurze Augenblicke mit völliger Klarsicht. Euer Verstand ist aufgrund der Gesetzmäßigkeiten der Erde beschränkt. Ihr könnt das Ganze nur gefühlsmäßig begreifen, ihr müsst euch auf eure Intuition verlassen."

F.: „Welche Bedeutung haben Pflanzen?"
A.: „Pflanzen gehören zum Universalen. Sie können gute und schlechte Schwingungen aussenden. (Schlechte Schwingungen strahlen z. B. genmanipulierte Pflanzen aus.) Alle Pflanzen sind wichtig für das Gleichgewicht der Natur, genauso wie Mineralien und Wasser."

F.: „Ich habe beim Rasenmähen und beim Schneiden der Bäume immer ein ungutes Gefühl. Können Pflanzen Schmerzen erleiden?"
A.: „Diese Tätigkeiten sind in Ordnung, da die abgeschnittenen Reste wieder in den Kreislauf der Natur zurückgeführt werden."

F.: „Können sich misshandelte Tierseelen an ihre Besitzer im negativen Sinn anhängen?“
A.: „Ja, sie können es und es ist auch ihr Recht.“

F.: „Was hat der plötzliche Kindstod für eine Bedeutung?“
A.: „Diese inkarnierten Seelen wollen nicht in dieser Welt verbleiben. Man könnte sie aber zurückholen, wenn man den richtigen Zeitpunkt erkennt.“

F.: „Welche Bedeutung haben Abgänge und Totgeburten?“
A.: „Auch hier handelt es sich um Seelen, die nicht bereit sind zum Leben.“

F.: „Was sind Träume?“
A.: „Es gibt zwei Arten von Träumen. Auf der einen Seite sind es unaufgearbeitete Situationen des Lebens, auf der anderen Seite handelt es sich um tiefe Ratschläge, Einsichten und Informationen des geistigen Führers. Die Intuition des Menschen kann hier unterscheiden.“

1.12.2000

Nach jedem Kontakt mit Agilus mache ich mir über bestimmte Themen Gedanken. Heute will ich nochmals dem Thema Sehnsucht auf den Grund gehen.

F.: „Ich glaube eine weitere Ursache für meine Sehnsucht zu kennen. Es ist nur teilweise das Heimweh. Der andere Teil bist

du. In dir lebt ein Teil von mir, der die Gesetzmäßigkeiten kennt. Ich bin eine Abspaltung, die in die Vergessenheit gegangen ist (Inkarnation). Du lebst in mir, ich lebe in dir. Das Wissen brennt in mir, ich möchte es erfahren."
A.: „Du hast Recht mit deiner Vermutung, wobei es sich hier um keinen Widerspruch meinerseits zu früheren Aussagen handelt."

F.: „Gibt es bei euch Universitäten des Geistes?"
A.: „Generell ist das ein Ausdruck der Menschen. Es kommt bei uns viel Gedankengut zusammen. Es ist ein gegenseitiges Lernen. Die Seele kann sich im Jenseits viel von eurem menschlichen Wissen aneignen. Dieses Wissen wiederum kommt euch bei der nächsten Inkarnation zugute."

F.: „Was ist Gott?"
A.: „Er ist der ursprünglichste Wesensstern, den es gibt."

F.: „Kannst du auch lustig sein?"
A.: „Ja, es gibt auch bei uns in der geistigen Welt Humor."

F.: „Hilft mir jemand beim Schreiben dieses Buches?"
A.: „Ja, ich helfe dir dabei."
Jetzt weiß ich, warum mir das Verfassen dieses Buches so viel Freude bereitet!

F.: „Woher kommt der Widerstand, den ich beim Heilen mit den Händen verstärkt spüre?"
A.: „Es handelt sich hier um die Aura deines Gegenübers. Du wirst immer sensibler und deshalb empfindest du das so."

Eine mir bekannte junge Frau kann sich für keinen Beruf oder sonstige Tätigkeit entscheiden. Sie fällt von einer Depression in die andere und ist ständig hin- und hergerissen.
F.: „Stimmt es, dass sie bis jetzt ihren Lebensweg nicht gefunden hat und deshalb nicht fähig ist, eine Entscheidung zu treffen?"
A.: „Ja, du hast Recht, sie ist aber gerade dabei, sich zu orientieren. Der Weg steht aber nicht fest, da sie einen freien Willen hat."

F.: „Ich glaube, das Problem BSE ist sowohl in der Massentierhaltung als auch in der Profitgier der Menschen zu suchen. Stimmt das?"
A.: „Ja, das ist richtig. Die Krankheit hat der Mensch selbst geschaffen. Der Umgang mit den Tieren und das undisziplinierte und rücksichtslose Verhalten in den „oberen Etagen" lieferte den Grundstock dieser Krankheit. Tiermehl hat in Nahrungs- und Futtermitteln nichts zu suchen. Wenn es sich trotzdem nicht vermeiden lässt, sollte es wenigstens richtig erhitzt werden, um alle Keime abzutöten."

F.: „Welchen Weg schlägst du den Menschen zur Beseitigung des BSE-Problems vor?"
A.: „Die Genforschung ist ein guter Weg. Die Menschen werden aufgrund dieser Krankheit aufgerüttelt und werden mehr auf ihre Ernährung und eine artgerechte Tierhaltung achten."

F.: „Was sagt die geistige Welt zum massenhaften Töten von Tieren (z. B. bei BSE-Verdacht)?"
A.: „Hier handelt es sich um eine hilflose Reaktion des Men-

schen. Das mag vom menschlichen Standpunkt aus vielleicht verständlich sein, es wird aber an der Krankheit nichts ändern. Ich sage es noch einmal: Es hängt mit eurer Misswirtschaft in den „oberen Etagen“ zusammen. Hier muss die Krankheit bekämpft werden.“

F.: „Kannst du uns sonst noch etwas über die Rinderseuche BSE sagen?“
A.: „Die Forschung muss angekurbelt werden, sie wurde verschlafen. Ihr wisst nicht, wie die Krankheit übertragen wird. Die geistige Welt weiß aber auch, dass ihr dieses Problem nicht so schnell lösen werdet. Die Menschen müssen sich gegen die Massentötung der Tiere wehren.“

Noch einige Gedanken zum Thema BSE:
Wie Agilus schon mitgeteilt hat, ist diese Erkrankung von den Menschen selbst verursacht. Es geht dabei um Krankheit als solche, es könnte genauso eine Augenentzündung oder etwas anderes sein. Auch das Rind ist nur Stellvertreter für alle Tiere, die als Nutztiere gehalten werden. BSE hat einen bestimmten Sinn zu erfüllen: Wir Menschen sollen endlich aufwachen und Eigenverantwortung für unsere Ernährung übernehmen. Durch die Profitgier (vor allem der Lebensmittelkonzerne) entstand eine ungesunde Nahrungskette, die nun vom Endverbraucher getragen werden muss. Die Hersteller unserer Lebensmittel unterliegen zwar bestimmten Auflagen, doch dürfte deren Umgehung nicht besonders schwierig sein. Ein weiterer Grund dieser Krankheit liegt in unserer Tierhaltung. Tiere sind Geschöpfe Gottes und verdienen ein gutes Leben. Die Menschen haben kein Recht,

sie den ganzen Tag in zu kleinen Ställen anzuketten, Kälber gleich nach der Geburt von der Mutter wegzunehmen, Geflügel auf viel zu engem Raum zu halten oder Tiere tagelang unter unwürdigen Bedingungen quer durch Europa zu fahren. Diese Liste könnte man beliebig lange fortsetzen.
Wir Menschen haben diese Missstände jahrelang akzeptiert, sie wurden uns von Wissenschaft und Politik sogar als das Nonplusultra verkauft. Nun aber ist es an der Zeit, dagegen anzukämpfen! Mit Sicherheit ist es der falsche Weg, bei einer einzelnen BSE-Erkrankung die ganze Herde zu töten. Die Erfahrung zeigt, dass immer nur ein Tier betroffen ist. Agilus sagte, dass es sehr wichtig ist, sich gegen diese Massentötung zu stellen. Es ist ein hilfloser Versuch, etwas in den Griff zu bekommen, das man zwar seit Jahren kennt, das man aber ganz bewusst ignoriert hat. Die Menschen erhalten über diese Krankheit eine Möglichkeit, ihr Leben in gesündere Bahnen zu leiten, indem sie auf die Herstellung ihrer Nahrung indirekt Einfluss nehmen.

F.: „Warum sind zur Zeit so viele Kinder hyperaktiv?“
A.: „Der Hauptgrund sind Umwelteinflüsse wie Elektrosmog, Satellitenfunk, Verkabelungen und ungünstige Ernährung. Das Fernsehen wirkt hier nur am Rande. Auch zu viele Aktivitäten der Mütter während der Schwangerschaft und in den ersten Kleinkindjahren leisten einen erheblichen Beitrag dazu. Die Kinder werden immer sensibler und anfälliger für dieses Problem.“

F.: „Mit welchen Methoden kann ich diesen Kindern am besten helfen?“

A.: „Du musst diese Kinder innerlich stabilisieren und festigen. Programmiere ihren Wesensstern auf Ruhe und gib ihnen somit innere Gelassenheit. Homöopathie und Bachblüten sind ein guter Weg."

F.: „Schützt uns der Schutzengel in allen Lebenslagen?"
A.: „Der Schutz der Engel ist immer zum Besten des Menschen. Ihr erhaltet aber nur dann Schutz, wenn er sinnvoll ist. Es gibt Unfälle und Krankheiten, die zur Weiterentwicklung des Menschen notwendig sind. Hier erfolgt dann keine konkrete Hilfe von der geistigen Welt."

7.12.2000

F.: „Hast du für unser Buch besondere Themen?"
A.: „Ja, ich habe drei Themen für euch:

1. Es gibt keine allein seligmachende Religion. Jede Religion ist richtig, die den Weg zu Gott zeigt.
2. Die Rückkehr zum Einfachen. Man sollte den Luxus nicht überbewerten.
3. Die Mitmenschlichkeit."

F.: „Hat Neurodermitis immer etwas mit einem Vorleben zu tun?"
A.: „Nein, sie kann auch andere Ursachen haben."

F.: „Es gibt geistige Führer, die ihre Informationen in oft sehr schwer verständlicher Sprache vermitteln. Warum ist das so?"
A.: „Sie wollen den Leser damit zum intensiveren Denken anregen."

F.: „Wie kommuniziert ihr untereinander?"
A.: „Unsere sogenannte Sprache läuft über Schwingungen. Es weiß jeder, was der andere sagt oder was er sagen möchte. Es sind nicht einmal Gedanken nötig. Wir haben auch keine Namen, sie sind nur für euch Menschen da."

F.: „Wenn ich sensibler werde, könnte ich dann die Schicht, die dich umgibt, spüren?"
A.: „Ja, diese Möglichkeit ist gegeben."

F.: „Ich spüre dich beim Meditieren nicht nur als Energie im Körper, sondern auch an der Hand."
A.: „Ich habe verschiedene Möglichkeiten, mich bei dir bemerkbar zu machen: Durch Energie, die durch den Körper läuft, durch Energie, die über Berührung fließt, über Gedanken, die von anderen ausgesprochen werden (z. B.: „Die Behandlung hat gut getan"), über das Hellsehen oder über das Hellhören."

F.: „Ist Abtreibung immer Mord?"
A.: „Sie ist nur dann erlaubt, wenn sie aus gesundheitlichen Gründen der Mutter unumgänglich ist. Ansonsten muss eine Abtreibung immer gesühnt werden, weil dabei ein potentielles Leben verhindert wird."

F.: „Sind Impfungen für uns gut?"
A.: „Die Menschen haben die Impfungen als Hilfe bekommen."

F.: „Sind alle Naturkatastrophen und alle Unwetter vom Menschen selbst gemacht?"

A.: „Die Erde ist ein lebendiger Planet, deshalb sind Unwetter nötig und ganz normal. Naturkatastrophen produziert der Mensch selbst, weil ihr das Gleichgewicht der Natur zerstört."

F.: „Du hast mir einmal erzählt, dass geistige Führer auch traurig sein können. Wann kommt das vor?"
A.: „Bei Unstimmigkeiten, die oft zwischen dem Menschen und seinem Führer herrschen und bei Unstimmigkeiten unter der gesamtem Menschheit. Die Menschen begreifen nicht, um was es geht. Irgendwann herrscht auf der gesamten Erde die vollkommene Harmonie."

F.: „Auf welche Weise verlässt die Seele den Körper?"
A.: „Der Ausstieg kann sowohl über die Haralinie als auch über die Chakren erfolgen."

F.: „Viele Menschen erzählen von einem Tunnelerlebnis beim Tod. Ist das der Durchgang durch die Haralinie ?"
A.: „Ja, das stimmt."

F.: „Die Menschen berichten von einem hellen Licht am Ende des Tunnels. Ist das das göttliche Licht?"
A.: „Ja, das stimmt."

F.: „Sind Delphine inkarnierte Tierführer?"
A.: „Nein, Delphine haben aber einen Sonderstatus unter den Tieren, sie sind sensibler als alle anderen und können den Menschen helfen."

F.: „Ein großer Wunsch von mir wäre es, einmal mit Delphinen zu schwimmen. Was hältst du davon?"

A.: „Für deine Weiterentwicklung ist es nicht wichtig. Wenn du es aber unbedingt möchtest, wird es auch sein. Es wäre mit Sicherheit ein schönes Erlebnis für dich."

F.: „Bist du genauso erdgebunden wie wir?"
A.: „Nein, das bin ich nicht."

F.: „Stimmt es, dass es keine festen Gegenstände gibt. Es besteht alles aus Molekülen und Atomen, die sich in sich bewegen."
A.: „Für euch sind die Gegenstände schon fest, da ihr nach euren Gesetzmäßigkeiten leben müsst. Für uns geistige Führer gibt es das nicht."

F.: „Woher kommt das viele Wasser - die Meere - auf unserer Welt?"
A.: „Am Anfang gab es nur Niederschläge. Die Meere bildeten sich für das Gleichgewicht in der Natur."

F.: „Wurde Christus gekreuzigt?"
A.: „Ja, das stimmt."

F.: „Ist Christus auferstanden?"
A.: „Ja, um den Menschen zu versinnbildlichen, dass es auch für euch ein Weiterleben nach dem Tode gibt."

F.: „Können sich Schutzengel und geistiger Führer voneinander lösen?"
A.: „Ja, sie können sich bei Bedarf lösen und später wieder verbinden."

Ich habe heute das Gefühl, dass ich mich mit den drei Themen, die Agilus für unser Buch vorgeschlagen hat, beschäftigen muss. Unser erstes Thema behandelt die Religion. Ich merke, dass es mir schwer fällt, mich mit dem Sammelbegriff Religion zu beschäftigen. Machen wir einen großen Schritt zurück in die Vergangenheit. Die damals gängigen Religionen hielten für jeden Menschen ein engmaschiges Gitter von Glaubensüberzeugungen und -regeln bereit, durch das man sich persönlich wahrnehmen konnte. Man glaubte, alle Probleme würden von Gott gesandt und der Mensch empfand sie als Warnung oder Strafe. Später entstanden neue Denkweisen und neue philosophische Richtungen. Für viele ist heutzutage der Sinn des Lebens unklar. Dieses Leben, so scheint es, ist nur auf Kosten der Natur möglich - wahrlich ein trauriges Leben. Jedes Individuum sucht in diesem Wirrwarr einen Sinn zu finden. Das war und ist die Grundlage von Religionen. Religion ist ein Versuch durch sie und mit ihr den Sinn des Lebens zu erkennen. Sie ist ein Gebilde, das auf einem tiefen Grundwissen der Menschen und deren Sehnsüchten ruht. Ganz gleich unter welchen Namen sie existiert, sie bietet uns eine Verbindung mit dem Universum.
Die Grundlage der meisten Religionen ist, einen Gott als obersten Herrscher bzw. Schöpfer zu akzeptieren und zu verehren. Soweit ist alles in Ordnung, nur haben sich in vielen Religionen zu starke menschliche Gefühle und kriegerische Handlungen eingeschlichen.
Die Weltreligionen unterlagen einer stetigen Verformung, so dass die ursprüngliche Intention oft nur noch schwer erkennbar ist. Jede Religion hat ihre persönliche Wahrheit, nach der es sich zu leben lohnt. Ich glaube kaum, dass in unserem Jenseits ver-

schiedene Götter sitzen und uns Menschen nach unseren Nationalitäten und Religionen einstufen.
Jede Religion hat ihren Sinn, soweit die Grundbedürfnisse des Einzelnen und der breiten Masse berücksichtigt werden. „Alle Menschen werden Brüder“ sollte die Grundlage jeder Religion sein. Sie sollte die Mentalität einzelner Völker berücksichtigen, ohne Besitz- und Machtdenken auszuüben. Mit dieser Denkweise wäre vielleicht sogar ein Verschmelzen aller Religionen möglich.
Frieden und tiefe Harmonie auf Erden werden wir erst erreichen, wenn diese Denkprozesse in Gang gesetzt sind und eine Gleichheit aller Völker erreicht ist.
Es obliegt den Menschen und ihrem freien Willen, diesen Weg geradlinig und mit dem Herzen zu gehen oder verblendet und mit Blutvergießen. Das Ergebnis wird zum Schluss das Gleiche sein. Es ist nur eine Frage der Zeit und eine Aufarbeitung des Schmerzes. Das Positive wird immer über das Negative siegen.

Das nächste Thema ist die Rückkehr zum Einfachen.
Wir und unsere Kinder sind in eine Luxuswelt geboren worden, in der die Produktion von Massenverbrauchsgütern kein Ende findet. Vom Anfang bis zum Ende werden wir begleitet von einer Flut von Dingen, deren Wichtigkeit sehr oft in Frage gestellt werden kann. Durch das Verbessern unserer Lebensumstände konnten wir aber nicht den Zweifel an unserer Zukunft beseitigen. Wir blickten mit großen Erwartungen auf die Wissenschaft und erhofften über sie das Paradies auf Erden wieder zu finden. Anfangs schien sich diese Hoffnung auch tatsächlich zu erfüllen. Die Menschen vollzogen in wenigen Jahrzehnten einen

Sprung, für den früher mehrere hundert Jahre notwendig waren. Während uns die Wissenschaft mit allerlei eindeckte, wurden wenig Fragen über die Notwenigkeit dieser Dinge gestellt. Die Menschen ließen sich berieseln und konsumierten ohne jedes Hinterfragen sämtliche Luxusgüter. Das einzige Kriterium der Ablehnung war (und ist) eine zu niedere Preisgestaltung. Je teurer um so besser! Die Übersättigung fand sehr schnell statt, und wir verwandelten uns vom sparsamen Bürger zu einer gedankenlosen Wegwerfgesellschaft. Nun stellt sich die Frage, wo sind unsere persönlichen Werte geblieben? Haben wir den Sinn des Lebens vergessen? Man sehnt sich im Geheimen nach der „guten, alten Zeit“, die man so achtlos weggeworfen hat.
Unsere äußeren Lebensumstände haben sich fürwahr immens verbessert. Aber sind wir deswegen glücklicher als früher? Ich glaube es nicht. Wenn ich mir die Krankheitsstatistiken ansehe, so kommen mir berechtigte Zweifel. Bemerkenswert sind vor allem die Steigerung an psychosomatischen Krankheiten und Suchterkrankungen. Der Körper hat eine scheinbare Gesundung erreicht, doch die Seele ist dabei krank geworden. Ist der Preis, den wir dafür bezahlen, nicht etwas zu hoch?
Allmählich wird immer mehr Menschen bewusst, dass der Fortschritt unserer Wissenschaft auch seine Schattenseiten hat. Was helfen uns ihre Erkenntnisse, wenn sie dazu verwendet werden den Sinn unseres Daseins zu untergraben.
Ein großer Teil der Menschen hält heute wieder Ausschau nach einem Leben, das nicht von anderen gesteuert wird und dessen Grundlage nicht die Zerstörung unseres Daseins bedeutet, sondern sich auf Wesentlichkeiten beschränkt, die nicht durch Geld zu erwerben sind.

Viele Menschen sehnen sich nach einer Welt, die Sicherheit und Halt bietet. Unser Leben ist aufgrund unserer technischen Möglichkeiten auch gefährlich geworden. Wo sind unsere Träume geblieben? Wo ist unsere Entscheidungsfreiheit? Wir fühlen uns von Wissenschaft und Technik in die Enge getrieben. Unser Idealismus findet keine geeignete Ausdrucksmöglichkeit mehr und wir produzieren statt Lebensfreude massive Lebensängste.
Die globale Zerstörung trifft uns alle. Den Wunsch, die Welt zu verbessern, sollten wir alle in uns hegen. Wir müssen dort beginnen, wo wir uns gerade befinden. Wenn wir es schaffen, unsere eigenen Begabungen zu leben, unsere Gedanken auf das Wesentliche zu richten und unser Herz und nicht unsere Computer sprechen zu lassen, werden wir den Weg zurück zum Sinn des Lebens finden.
Und es wird sich eine glücklichere und friedlichere Zukunft ergeben!

Das dritte Thema ist die Mitmenschlichkeit:
Wir wurden geboren mit allen Voraussetzungen „gut“ zu sein und mit der Aufgabe, unsere Begabungen zu entfalten und zu leben. Wir wurden geboren als Wesen voller Liebe und Mitgefühl, mit der Aufgabe, ein liebevolles Miteinander zu leben. Kinder wären grundsätzlich in der Lage, diese einfachen Naturgesetze zu beherrschen, wären nicht wir Erwachsenen, die sie in allen Bereichen ihres Seins einengen. Tiere erzeugen in ihrem Gruppendasein ein Gefühl von Liebe und Zusammengehörigkeitsgefühl, von dem in erster Linie die Jungtiere profitieren. Dieses Gefühl ist in unserer hochtechnisierten Welt oft verloren gegangen. Es gibt keine Großfamilien mehr, da deren Funktionieren auf Grund unserer verformten und egoistischen Persön-

lichkeiten nicht mehr gewährleistet ist.
Mitmenschlichkeit ist verloren gegangen, weil unser Streben nach finanziellem Wachstum und persönlichem Erfolg einen zu hohen Stellenwert bekam. Die natürlichste Sache der Welt, die Liebe, wurde eingetauscht gegen eine egoistische Denkweise, welche die Bereitschaft zur Anpassung an einen festen Lebenspartner schwierig macht. Das Singledasein hält in unseren Wohnungen Einzug und bringt uns eine Familienform von alleinerziehenden Elternteilen.
Wenn wir wieder anfangen, unsere Gefühle sprechen zu lassen und nicht unseren Verstand, werden sich diese Negativformen unseres Zusammenlebens auflösen und einer neuen gefühlsorientierten Denkweise Platz machen.
Wir werden unsere Partnerschaften (gemeint sind alle Bereiche, in denen Menschen miteinander kommunizieren) mit einer anderen Verantwortlichkeit wahrnehmen und die Grundformen der Menschlichkeit werden sich wieder in den Vordergrund drängen. Die Liebe ist die größte und die stärkste Macht der Welt. Wird sie von den Menschen ausgesandt, so kommt sie als geballte Energie auch wieder zurück und verwandelt unseren leider erkalteten Planeten zu einer wärmenden und schützenden „Mutter Erde“.

14.12.2000

F.: „Ist es richtig, dass sich verstorbene Seelen mit den unbewältigten Aufgaben des vergangenen Lebens auseinandersetzen müssen?“
A.: „Ja, es wird ihnen auf der Gefühlsebene mitgeteilt.“

F.: „Fische werden meist nicht getötet, sondern ersticken. Ist das in Ordnung?"
A.: „Es ist erlaubt, weil es meist keine andere Art zum Töten gibt. Es ist aber unter anderem nicht erlaubt, Schnecken mit Salz zu bestreuen oder Muscheln in heißes Wasser zu werfen. Je höher entwickelt das Tier ist, um so höher ist sein geistiger Zustand und um so mehr empfindet es beim Tod."

F.: „Du kannst mich nur leiten, meinen Weg muss ich aber selbst finden. Ist das richtig?"
A.: „Ich leite und ich führe dich. Wenn du unsicher bist, kannst du dich vertrauensvoll an mich wenden. Du hast deinen Weg gefunden, du lebst deine Seele. Es gäbe aber auch noch einen anderen Weg für dich."

F.: „Ist es das Wichtigste im Leben, den eigenen Weg zu finden?"
A.: „Der eigene Weg muss der sein, dass man den anderen hilft."

Ein Mädchen sah während einer schweren Erkrankung im Krankenhaus ein wunderschönes klares Licht. Es war in der Dämmerung und sie konnte sich seine Herkunft nicht erklären.
F.: „Was hatte das zu bedeuten?"
A.: „Es war ihr Schutzengel."

F.: „Außerdem erzählte sie mir von einem regelmäßig wiederkehrenden Traum. Welche Bedeutung hatte er ?"
A.: „Der Traum hing mit ihrer Krankheit zusammen. Er wollte sie auf diese Erkrankung aufmerksam machen. Sie konnte ihn aber nicht deuten."

F.: „Du hast uns erzählt, dass geistige Führer auch manchmal wegen ihrer Menschen traurig sein können. Warst du letztes Jahr traurig über mich?"
A.: „Ja, wegen einer bestimmten Angelegenheit. Warum hast du dich so verletzen lassen? Warum hast du dir nicht eine Schutzmauer aufgebaut und die Situation weggeschoben?"

F.: „War der viele Streit mit meiner Mutter wichtig, um meinen Weg finden zu können?"
A.: „Ja, du bist dadurch mit dir ins Reine gekommen."

F.: „Manchmal schaffe ich es nicht, ihre ständigen Angriffe unbeantwortet zu lassen."
A.: „Du bist sehr streng mit dir. Das ist auch gut so. Du musst dir immer vor Augen halten, dass sie diese Angriffe, die du nur erwiderst, nicht starten darf. Beende bei telefonischen Angriffen das Gespräch bzw. verlasse bei Besuchen den Raum und gehe nach Hause. Dein früheres Verhalten mit heftigen Streitereien war verständlich, die heutige Lösung ist für dich aber die bessere."

F.: „Woher kommt die Erwärmung der Erde?"
A.: „Die Erde geht einer wärmeren Zeit entgegen. Damit wird aber auch viel Panikmache betrieben."

F.: „Woher kommt das Ozonloch und wie gefährlich ist es?"
A.: „Es sind eure Abgase. Bei euch erhöhen sich Krebsrisiko und Allergien."

F.: „Obwohl ich schon längere Zeit mit der geistigen Welt arbeite, ist immer wieder vieles für mich unfassbar."

A.: „Es ist im Erfahrungsbereich deines Lebens neu, darum empfindest du so. Es ist aber auch gut so, nur so kannst du die Großartigkeit schätzen und bewahrst die Demut. Mache dir immer wieder bewusst, dass das Heilen nicht von dir kommt. Dein Sohn Michael wird sich leichter tun, er kennt es von Anfang an nicht anders."

F.: „Können Tiere oder Pflanzen aussterben?"
A.: „Nicht direkt, sie kommen in abgewandelter Form wieder. Es sind Reste der Erbmasse im Boden und in anderen Tieren vorhanden. Die Erbmasse verändert sich, es gibt neue Erscheinungsformen. Auf der Erde ist ein ständiges Verändern. Dem sind auch die Tiere unterworfen. Außerdem gibt es Klimaveränderungen und Abspaltungen von Kontinenten."

F.: „Gab es Atlantis wirklich?"
A.: „Ja, das gab es."

F.: „Man liest immer wieder, die Menschen würden Atlantis wieder auffinden. Stimmt das?"
A.: „Ja, das ist in gewisser Weise richtig. Es kommt aber nicht das Land hoch, sondern der geistige Zustand, der damals herrschte, tritt wieder in Erscheinung. Es ist aber nicht der letzte Zustand beim Untergang, sondern der vorherige. Ihr Menschen tretet in dieses Bewusstsein wieder ein. Ihr habt dann die Wahl, euch für die geistige Weiterentwicklung oder für den Verfall zu entscheiden. Die Tendenz der Menschen geht aber ins Gute."

F.: „Was hältst du von Bluttransfusionen? Stimmt es, dass man hier die Schwingung des Spenders mit überträgt?"

A.: „Das ist richtig. Die Schwingung wird mit übertragen, aber sie schwingt nach einer gewissen Zeit aus. Bei jungen Menschen geht das schneller, bei alten Menschen dauert es etwas länger. Man kann in der Regel mit ein paar Wochen rechnen.“

F.: „Was hältst du von Organspenden?“
A.: „Nach dem Tod kann man dieser Spende zustimmen. Doch oft werden die Organe schon vor dem physischen Ende entnommen. Dann handelt es sich um ein Verbrechen. Der Arzt muss für diese Tat Rechenschaft ablegen.“

F.: „Musst du deinen Wesensstern auch immer aufladen?“
A.: „Nein, ich brauche das nicht mehr.“

F.: „Bin ich letzte Woche mit Gott verschmolzen?“
A.: „Ja, es war ein kleiner Anflug von dem, was sein könnte.“

F.: „Bin ich letzte Woche mit dir verschmolzen?“
A.: „Ja, das bist du.“

F.: „Was hältst du vom Sezieren nach dem Tod? Nimmt die Seele dabei Schaden?“
A.: „Das ist in Ordnung, die Seele nimmt keinen Schaden.“

F.: „Was hältst du vom Verbrennen nach dem Tod?“
A.: „Das ist in Ordnung.“

F.: „Was hast du uns über die Bibel zu sagen?“
A.: „In der Bibel sind viele Gleichnisse enthalten, die auf den Grundwahrheiten der Gottesliebe, der Nächstenliebe und der Liebe zu sich selbst basieren.“

F.: „Bin ich heute Nacht aus dem Körper ausgestiegen?"
A.: „Du hast es dir doch so gewünscht und darum war es auch so."

27.12.2000

Wir sprachen am Heiligen Abend mit Agilus und wünschten ihm ein schönes Fest. Ich schenkte ihm mein ganz persönliches Weihnachtsgeschenk. Ich erhielt von ihm „Liebe, die von Herzen kommt". Ich spürte den ganzen Abend sehr stark seine Anwesenheit und seine Energie.

F.: „Stimmt es, dass unsere Gedanken die Zellen beeinflussen und somit die Erbfaktoren?"
A.: „Ja, das stimmt."

F.: „Kann Krankheit nur dann entstehen, wenn man den Sinn des Lebens nicht erkennt?"
A.: „Eine Krankheit muss nicht immer mit dem Kranken selbst zusammenhängen. Er kann auch an ein Familienmitglied gekoppelt sein. Durch die Krankheit des einen werden oft dem anderen die Augen geöffnet."

F.: „Bekommt man Krebs, wenn man (unbewusst) nicht mehr leben möchte?"
A.: „Ja, oder wenn der Mensch nicht so weiterleben möchte wie bisher."

Ich fragte Frau Wieser, ob Sie die Ursache Ihrer Krankheit

kennt. Sie erwiderte, dass es sich um eine unterschwellige Disharmonie in der Familie handelte. Deshalb musste etwas Extremes geschehen. Der Rest der Familie hat dies auch ohne große Worte im Laufe der Zeit verstanden und dadurch konnte sich eine andere Familiensituation entwickeln.
Durch unsere gemeinsame Arbeit fand Frau Wieser die Lösung des Problems und den Zugang zur geistigen Welt.

F.: „Was ist der Unterschied zwischen Verbrechen und Sünde?“
A.: „Im Prinzip ist es das Gleiche, nur aus zwei verschiedenen Sichtweisen. Die Sünde wirkt sich auf euer Karma aus. Ebenso das Verbrechen, das aber zusätzlich im jetzigen Leben bestraft wird.“

F.: „Ist es richtig, dass nicht unsere Bedürfnisse schlecht sind, sondern nur die Abartigkeit unserer Bedürfnisse?“
A.: „Ja, Bedürfnisse sind wichtig im Leben. Verfallen sie aber ins Extrem, so sind sie nicht mehr zu eurem Wohle.“

F.: „Du hast mir das letzte Mal erzählt, dass ich noch einen zweiten Weg habe. Welcher Weg wäre das?“
A.: „Dein zweiter Weg wäre „nur die Familie“. Versuche deine Bodenständigkeit nicht zu verlieren. Die Verbindung des Geistigen mit der Familie ist für dich optimal. Solltest du dich im Zwiespalt befinden, so entscheide dich in dem Moment für die Familie. Es ist von der geistigen Welt so gewollt.“

F.: „Ist es richtig, wenn ich davon ausgehe, dass zuerst das kreative Bewusstsein, dann die Form und schließlich die Sichtbar-

werdung entstanden sind? Ich glaube, die Kreativität ist das Grundprinzip des Lebens. Die Schöpfung hört nie auf. Jeder Sonnenaufgang, jedes Lebewesen ist ein Teil der Schöpfung."
A.: „Ja, du hast Recht."

F.: „Deine Gedanken kommen aus dem Göttlichen. Ich glaube, dass auch unsere Gedanken daher kommen."
A.: „Ja, das stimmt. Aber ihr habt einen freien Willen und eure Gedanken können ins Negative abgleiten."

F.: „Empfinden alle Menschen, die mit sich mit der geistigen Welt beschäftigen, eine gewisse Sehnsucht?"
A.: „Es muss so sein, es handelt sich dabei um die Motivation, das zu tun."

F.: „Steigen auch Tierseelen nachts aus dem Körper aus?"
A.: „Nein, das können sie nicht."

F.: „Wie lange dauert beim Menschen der Ausstieg der Seele?"
A.: „Es ist unwichtig, da Zeit auf dieser Ebene nicht von Bedeutung ist. Wenn du auf etwas warten musst, kommt es dir lange vor, wenn du etwas mit Freude tust, erscheint es dir kurz. Hiermit siehst du die Bedeutungslosigkeit der Zeit. Zeit ist nur für den Menschen wichtig, sonst würde eure Welt nicht funktionieren."

F.: „Spürt die geistige Welt unsere weihnachtliche Stimmung?"
A.: „Ja, diese Stimmung wirkt sich positiv auf den Menschen aus und strahlt somit auch zur geistigen Welt."

F.: „Stimmt folgende Reihenfolge: Gedanken, Worte, Taten?"
A.: „Ja, das ist richtig. Alles, was ihr denkt, sagt oder tut, erzeugt eine Schwingung, die ins Universum gelangt. Eure Taten haben die stärkste Schwingung. Beim geistigen Heilen über das Telefon können Gedanken sogar schneller als Worte sein."

F.: „Gott hat uns mit Mitteln ausgestattet, die den seelischen Schmerz lindern oder ausschalten können. Wie funktioniert das?"
A.: „Die Menschen dürfen jede Art von seelischem Schmerz ihrem geistigen Führer übergeben. Schaltet euch mit eurem geistigen Führer auf die gleiche Bewusstseinsebene, erkennt eure Schmerzen, akzeptiert sie und bittet dann die Führung um Linderung oder Auflösung. Der Zugang zur geistigen Führung kann nur über den Glauben des Einzelnen geschehen. Diese Methoden waren für die Menschen früherer Zeiten selbstverständlich, nur euer „Fortschritt" ließ sie in Vergessenheit geraten. Diese Frage hat eine große Bedeutung in eurem Buch. Die Menschen müssen wieder lernen, diese natürlichen Verbindungen zu erkennen und anzuwenden."

F.: „Ist es richtig, dass der Sinn jeder Partnerschaft darin besteht, sich selbst zu leben und zu lieben und damit den Partner?"
A.: „Ja, da hast du Recht. Wer sich selbst lieben kann, kann auch seinen Partner lieben. Eine Partnerschaft ist ein gegenseitiger Lernprozess. Liebe bedeutet aber nicht, sich an den Partner zu klammern, sondern ihn freizugeben. Eure übertriebenen Erwartungshaltungen machen es schwer, eine Beziehung einzugehen. Die „große Liebe" beruht oft nur auf unwichtigen Äußerlichkeiten, die auf Dauer nicht haltbar sind.

So kommt es bald zur Ernüchterung und wieder zur Trennung. Man soll sich in einer Partnerschaft aber nicht selbst aufgeben oder versklaven lassen. Ein ausgeglichenes gegenseitiges Geben und Nehmen ist der Nährboden für eine liebevolle Beziehung."

F.: „Stimmt es, dass Gott sich nur durch uns Menschen erfahren kann?"
A.: „Nein, das hat er nicht nötig."

F.: „Was ist ein Dämon?"
A.: „Hier handelt es sich um eine „schlechte" Energie, die der Mensch selbst gemacht hat. Diese Energie ist erdgebunden. Durch Angst und Zweifel wird der Mensch verwundbar und zieht sie an."

F.: „Sollen wir unsere Ziele nur in der Möglichkeitsform (ich möchte, ich hätte gerne...) oder schon als real existierend formulieren (ich habe, ich bin...)?"
A.: „Alle Glaubenssätze sollen feste Aussagen bilden, die das Ziel schon als vorweggenommene Realität enthalten. „Ich möchte abnehmen" ist ein vages Ziel in irgend einer fernen Zukunft. „Ich nehme ab" stellt einen klaren Befehl an das System dar."

4.1.2001

Frau Wieser erzählte mir heute, dass die rechte Brust wieder schmerzte. Ich suchte nach einem Zusammenhang und fand

heraus, dass es wieder mit der Mistelkur zusammenhing. Wir fragten über den Muskeltest den Körper und erfuhren, dass sie kurzzeitig damit aufhören solle.
Anschließend stellten wir Harkon die selbe Frage. Er bestätigte uns, dass die Schmerzen mit dieser Kur zusammenhingen.
Außerdem sagte er: „Unterbrich sie für eine Woche, aber nur damit du siehst, dass ich Recht habe. Die Schmerzen zeigen dir aber auch, dass die Kur wirkt. Beginne mit deiner Kur wieder, sobald die Schmerzen vorbei sind. Es ist heute genau ein Jahr her, dass deine linke Brust entfernt wurde. Die rechte Seite trauert um die linke Seite und das ist mit ein Grund für deine Schmerzen."

Wir bedankten uns bei Harkon für die Auskunft und holten dann wieder über das Dritte Auge Frau Wiesers rechte Brust. Die Brust erzählte uns von ihrer Trauer. Wir erklärten ihr, dass wir sie zwar verstehen, dass aber die Entfernung der Brust sehr wichtig war und zur Heilung beigetragen hat. Wir machten ihr den Vorschlag, die Trauer in ein Gefühl des Glücks umzuwandeln. Daraufhin baten wir den „Schutzengel der Trauer" zu uns, übergaben ihm dieses Gefühl und baten ihn, es ins Jenseits zu bringen. Gleichzeitig holten wir vom Jenseits Glück und den dazugehörigen Engel. Er brachte es zu Frau Wieser. Nach dieser Umwandlung bestätigte uns die Brust, dass nun alles in Ordnung sei.

Frau Wieser war letzte Woche bei ihrem Arzt und wollte wissen, was hormonell bedingte Störungen bedeuten. Sie erhielt folgende Auskunft: „Das weiß ich nicht."
Wir beschlossen, Agilus danach zu fragen.

A.: „Diese Störungen treten auf, wenn das Zusammenspiel der Geschlechtsorgane und –hormone nicht stimmt. Der periodische Ablauf stimmt nicht, der Aufbau und der Abbau der Schleimhaut und die Blutungen sind nicht in Ordnung. Außerdem entstehen dabei auch psychische Auswirkungen. Es kann sich aber genauso durch Schmerzen und Unwohlsein äußern."

F.: „Ich habe in der Sylvesternacht das Gefühl gehabt, mit dir und mit Gott zu meditieren. Ich spürte an der rechten Seite dich und an der linken Seite Gott. War dieses Gefühl in Ordnung?"
A.: „Ja, das war wirklich so, wobei die Verbindung mit Gott nur ganz kurz war."

Mein Mann beschäftigt sich seit einiger Zeit mit seinen Vorfahren und erstellt einen Familienstammbaum. Zur Ergänzung unserer vorhandenen Unterlagen fuhren wir in die entsprechende Pfarrei und blätterten in alten Tauf- und Hochzeitsbüchern. Die Unterlagen reichten bis in 17. Jahrhundert zurück. Es fanden sich viele Hinweise auf den Familiennamen Kähn, auf die Kinder und auf die Ehepartner. Bei einer bestimmten weiblichen Person überkamen ihn plötzlich sehr starke Gefühle des Schmerzes und der Trauer.
F.: „Woher kam dieses Gefühl?"
A.: „Dein Mann kannte diese Frau in einem früheren Leben, es war einmal eine große Liebe."

F.: „Ist das Universum wirklich unendlich?"
A.: „Ja, das ist so."

F.: „War es wirklich so, dass du und deine ehemalige Familie in der Kirche von St. Aygulf anwesend waren?"
A.: „Ja, deine Vermutung ist richtig. Das Besondere bei diesen Kirchenbesuchen war, dass sich sowohl deine Schwingung als auch meine und die meiner Familie miteinander verbunden haben. Dadurch entstand dieses starke Glücksgefühl für dich. Es war die Situation des Augenblickes."

F.: „Warum gibt es Tage, an denen ich dich sehr stark spüre und wiederum andere, wo du kaum fühlbar bist?"
A.: „Es liegt lediglich an deiner Tagesform, ich bin immer gleich präsent."

F.: „Warum gibt es Jahreszeiten?"
A.: „Sie sind die Grundvoraussetzung für viele Lebensformen."

F.: „Ich glaube, dass Wünsche wichtig sind und Ziele gut. Wie siehst du das?"
A.: „Wünsche sind in Ordnung, sie dürfen nur nicht egoistisch sein. Ohne Ziele gibt es keine persönliche Weiterentwicklung."

F.: „Ich weiß, dass unser Buch sehr erfolgreich werden wird. Was glaubst du?"
A.: „Im Bereich der Esoterikbücher wird es erfolgreich werden. Es dauert nur, bis du einen Verlag findest und die finanzielle Sache abgeklärt ist."

F.: „Darf man Tiere einschläfern lassen?"
A.: „Wenn man ihnen damit das Leiden verkürzt, ist es in Ordnung."

F.: „Sollen wir Gott anbeten oder ihn verehren?"
A.: „Ihr sollt zu Gott beten und ihn verehren. Ihr sollt ihn nicht wie einen Götzen anbeten."

F.: „Du hast uns erzählt, dass wir unseren Planeten als Mensch nicht verlassen können. Wie verhält es sich dann mit den Astronauten?"
A.: „Hier geht es nur um Forschungsarbeit, sie verlassen den Planeten nicht für immer."

F.: „Unser Licht kommt von der Sonne. Wo kommt eures her?"
A.: „Es handelt sich bei uns nicht um Licht im herkömmlichen Sinne, sondern es ist ein Zustand. Es gibt bei euch keine Worte dafür, es ist ein gefühlsmäßiges Licht."

F.: „Kannst du Gerüche wahrnehmen?"
A.: „Nein, das kann ich nicht."

Man hört sehr oft von Menschen, dass sie die geistige Welt in Form von wunderbaren Gerüchen wahrgenommen haben.
F.: „Handelt es sich hier um Einbildungen der Menschen?"
A.: „Nein, der Mensch braucht auch seine Sinne, um etwas wahrnehmen zu können. Die geistige Welt kann Gerüche produzieren."

F.: „Wenn du einen Menschen berührst, spürst du dann seinen festen Körper?"
A.: „Nein, ich spüre nur die Aura."

F.: „Ist Alkohol schädlich?"

A.: „Mäßiger Genuss von Alkohol kann sogar gut sein. Wein ist das beste alkoholische Getränk."

F.: „Ist die Polarität von Feuer das Wasser?"
A.: „Nein, eine Polarität zu Feuer gibt es nicht, die von Wasser ist die Trockenheit."

F.: „Gibt es Geschwindigkeit wirklich?"
A.: „Für euch Menschen ja. Sie unterliegt der Gesetzmäßigkeit der Erde, bedingt durch die Anziehungskraft. Für mich gibt es keine Geschwindigkeit."

F.: „Enthält ein Atom alle Elemente der Erde?"
A.: „Nein, es enthält aber alle Gesetzmäßigkeiten."

F.: „Tritt bei einer Ohnmacht die Seele aus dem Körper aus?"
A.: „Nein, es ist nur das Gehirn, das nicht durchblutet ist."

F.: „Gibt es etwas, was du nicht weißt?"
A.: „Ja, die Zukunft. Das ist bedingt durch euren freien Willen."

F.: „Woher beziehen Wunderkinder ihr Wissen?"
A.: „Diese Menschen bauen auf ihre letzte Inkarnation auf, das heißt, dass sie schon ein immenses Wissen mitbringen. Jeder Mensch bringt ein bestimmtes Wissen mit. Es wäre sehr wichtig, die vorhandenen Anlagen eurer Kinder zu fördern und zu nutzen, deshalb finde ich auch euer Schulsystem nicht gut. Eure Kinder werden nicht nach ihren Begabungen und Fähigkeiten benotet, sondern man legt das Hauptaugenmerk auf Lesen, Schreiben und Rechnen. Wenn *alle* Fächer in der Schule gleich-

wertig wären, hätten *alle* Kinder gleiche Chancen."

Zur Zeit gibt es immer mehr Kinder mit sehr ausgeprägten Schwierigkeiten in der Schule. Ich denke, dass hier eine neue Generation heranwächst, deren Lebensaufgabe in anderen Bereichen liegt. Immer wieder stelle ich fest, dass gerade diese Kinder hochsensibel sind und einen starken Zugang zur geistigen Welt besitzen. Unsere Hilfe (über die Kinesiologie) besteht darin, den Stress auf die Schule und das Lernen abzubauen, die Kinder emotional zu stärken und ihren Eltern diesen etwas anderen Lebensweg zu erklären. Wir bewegen uns in ein neues Zeitalter und die Kinder sind die tragenden Säulen dazu. Wir werden diese Schulprobleme nur über andere Methoden aber nicht über verstärktes Üben lösen. Die Kinder der heutigen Zeit können nicht einfach mit logischen und rein sachlichen Denkprozessen „gefüttert" werden, sondern sie brauchen ein stark gefühlsorientiertes Lernen. Eine Umstellung der Lehr- und Lernmethoden wird auch eine Verbesserung der Leistungen bewirken.

F.: „Kannst du uns deinen Namen bei deiner letzten Inkarnation sagen?"
A.: „Ja, das kann ich." Agilus teilte uns seinen Namen mit. Er erzählte uns auch noch, dass er im 10. Jahrhundert in der Schweiz in der Nähe von Luzern lebte. Er hatte damals viele Kinder und eine sehr junge Frau. Er erlebte eine schöne Familiensituation. Er war weder reich noch arm.
Er ergänzte noch: „Ich war damals auch hellsichtig."

F.: „Hast du noch Wesenszüge von deiner letzten Inkarnation an dir?“

A.: „Ja, es sind noch Züge vorhanden. Ich war damals sehr temperamentvoll und gesprächig, manchmal aber auch etwas rechthaberisch, wobei ich diesen letzten Wesenszug aber auch benutzte, um anderen zu helfen.“

F.: „Kann man pauschal sagen, wie oft Menschen inkarnieren müssen?“

A.: „Nein, das kann man nicht. Hier gibt es von sehr oft bis ein paar Mal.“

F.: „Ich habe beschlossen, dass dieses Mal meine letzte Inkarnation ist. Was hältst du davon?“

A.: „Das wäre möglich.“

Natürlich wollte auch Frau Wieser etwas über die Vergangenheit von Harkon erfahren. Sie erfuhr seinen letzten irdischen Namen. Er lebte um 600 n. Chr. im Bodenseebereich. Er hatte damals zwei Kinder und eine Frau, die nicht zu ihm passte. Es handelte sich um eine reine Zweckgemeinschaft. Er lebte in sehr ärmlichen Verhältnissen. Sein Beruf war so etwas Ähnliches wie ein Glöckner. Er war damals mit seinem geistigen Führer sehr stark verbunden, war aber nicht hellsichtig. Auch er hätte noch Wesenszüge von früher. Er war ruhig und beständig, stark und wortkarg. Er erzählte Frau Wieser, dass sie gerade ihre achte Inkarnation hätte.

F.: „Kenne ich Frau Kähn aus einem früheren Leben?“

A.: „Ja, ihr wart einmal ein Liebespaar, wobei diese Beziehung nicht in einer Ehe endete. Du warst der Mann, Frau Kähn die Frau."

Dazu wollte ich auch etwas wissen:
F.: „Warum verspürte ich bei Frau Wieser immer ein „Feuer", wobei mir das Wort Feuer jetzt erst bewusst wird? Ich hatte für dieses Gefühl bisher keinen Namen."
A.: „Es ist die Glut von früher da, die heute noch glimmt."

Anschließend erzählte mir Frau Wieser, dass sie für mich immer schon Bewunderung empfunden hatte. Wir erkannten das als einen „Rest" der Liebe von früher.

Nach meinem zweijährigen Aufenthalt im Kinderheim wurde ich bis zu meinem sechsten Lebensjahr untertags von einer Pflegemutter betreut. „Tante Bollinger" war für mich eine Art Ersatzmutter, zu der ich ein inniges und liebevolles Verhältnis bis zu ihrem Tod hatte. Ich denke heute noch sehr oft an sie und hegte schon lange den Wunsch mit ihr Kontakt aufzunehmen.

Ich fragte Agilus:
F.: „Ist heute der richtige Zeitpunkt, einmal mit Tante Bollinger zu sprechen?"
A.: „Ja."
Frau Wieser sah Tante Bollinger bei uns im Raum. Sie stand links neben ihr und zeigte sich im Profil. Ich bat Tante Bollinger als Siebzigjährige zu erscheinen, da ich Frau Wieser nachher ein Bild zeigen wollte, das sie in diesem Alter zeigt. Als Erstes sagte ich ihr, dass es mir heute leid tut, dass ich als junges

Mädchen wenig Verständnis dafür hatte, als sie sehr einsam war. Hierauf meinte sie, es ist schön, dass ich das anspreche. Sie habe es auch so empfunden, andererseits habe sie mich aber auch verstanden. Meine Kinderzeit tat ihr sehr gut und half ihr auch ein großes Stück weiter. Sie konnte mir ihre Liebe geben und fühlte sich dabei sehr wohl. Sie weiß, dass die Situation mit meiner Mutter für mich immer noch sehr schwer ist, aber dass ich sie jetzt besser in den Griff bekomme.

Von Agilus wusste ich, dass Tante Bollinger mit ihrem Ehemann noch etwas zu bereinigen hatte. Ich sprach sie darauf an und fragte sie, ob ich ihr dabei helfen könne. Sie bejahte das: „Es geht um das Verbindungsband der Liebe zwischen meinem Mann und mir." Dieses Band wurde damals im Streit herausgerissen und mit Wut dem Partner zurückgegeben. (Diese Reaktionen geschehen meist unbewusst.)

Ich forderte Tante Bollinger auf, sich das Band wieder zu holen. Ich befestigte es in ihrem emotionellen Herzen und umgab es mit Liebe. Nun nahm sie es in die Hand und übergab es ihrem Mann auf liebevolle Art. Er freute sich sehr darüber und rollte es zusammen.

Agilus erklärte uns die Zusammenhänge: „Die Situation ist nun für beide behoben. Sie müssen sich in einer späteren Inkarnation nicht mehr damit auseinandersetzen."

Ich erinnerte mich an unser Gespräch vor zwei Jahren, bei dem sie fragte, ob sie mich umarmen darf. Ich habe diese Umarmung noch heute als sehr schön in Erinnerung. Deshalb stellte ich ihr die Frage, ob sie mich heute wieder umarmen könnte. Die Antwort war: „Das wollte ich sowieso tun." Sie umarmte nicht nur mich, sondern auch Frau Wieser. Wir empfinden das beide als

wunderschön und es ging uns sehr nahe.
Tante Bollinger sagte mir noch, dass ich sie jetzt öfter ganz bewusst holen kann. „Am besten ist es, wenn du beim Meditieren auch etwas an mich denkst. Ich bin sowieso oft in deiner Nähe."
Ich fragte Tante Bollinger auch, ob sie schon weiß, wann sie das nächste Mal wieder inkarniert. Sie sagte: „Das weiß man vorher nicht."
Ich bedankte mich noch für die Kinderzeit bei ihr. Ich weiß heute, dass Tante Bollinger mir damals von Agilus geschickt worden war.

Nach unserer Arbeit zeigte ich Frau Wieser ein Foto von ihr und sie erkannte Tante Bollinger sofort wieder.

7.1.2001

Frau Wieser hatte eine große Untersuchung vor sich. Sie bat mich darum, am Vorabend vorbeikommen zu dürfen, um vorhandene Ängste abzubauen. Ich glaubte, es würde sich um eine Knochenuntersuchung wegen der Nachwirkungen der Chemo handeln. In der Untersuchung ging es aber darum, eventuelle Metastasen festzustellen. Ich war überrascht, diesen Gedanken hatte ich noch nie gehegt. Die Möglichkeit existierte für mich nicht, allein der Gedanke an Metastasen würde unsere Arbeit und unsere Erfolge des letzten Jahres in Frage stellen.

Ich erklärte ihr, dass es diese Art von Angst für uns nicht gibt (obwohl ich sie gut verstehen konnte). Außerdem sagte ich ihr, dass meiner Meinung nach Krebs nicht streuen kann, sondern dass die sogenannten Metastasen neu entstandene eigene Krebsherde sind, die ihre Entstehung im Gehirn haben. Ich möchte hier keine neuen Theorien aufstellen, es ist meine Meinung, die sich aus der Erfahrung meiner Arbeit bildete.
Um hier ganz sicher zu gehen, nahmen wir mit Harkon Kontakt auf. Er bestätigte uns erneut, dass Frau Wieser gesund ist und dass meine Aussage über den Krebs ihre Richtigkeit hat.
Ich fragte ihn, ob es sinnvoll ist, mit Frau Wiesers Knochen zu sprechen. Er bejahte es und wir unterhielten uns mit ihnen. Zusätzlich sagte er noch, dass es gut wäre, das Kontrastmittel heute schon verträglich zu machen. Frau Wieser soll dann während des Spritzens nur noch daran denken, dass dieses Mittel in keiner Weise schädlich ist.

Wir nahmen auf die übliche Weise mit den Knochen Kontakt auf und erklärten ihnen die kommende Situation. Sie meinten, dass sie genügend Kraft haben, diese Behandlung gut zu überstehen.
Anschließend nahm ich gedanklich das Kontrastmittel in die rechte Hand, legte meine linke Hand darüber und bat um Verträglichkeit des Mittels. Frau Wieser verfolgte den Vorgang und sah, wie die negativen Schwingungen abgezogen wurden.

Ich nutzte Frau Wiesers Anwesenheit gleich aus, um mit Agilus zu sprechen. Meiner Tochter Stefanie müssen zwei Zähne gezogen werden und ich bat ihn um einige Tipps zu einem unkomplizierten Verlauf.

A.: „Verringere gedanklich die Durchblutung im Kiefer bis er ganz blutleer ist. Lass den Zustand eine Viertelstunde so und rege danach die Durchblutung wieder langsam an. Stelle dir während dieser Tätigkeit vor, dass du zusätzlich die Schadstoffe im Schmerzmittel über die Blutleere mit abziehst. Wenn ihr meinen Rat befolgt, werdet ihr keine Probleme haben."

Ein Knochenszintigramm stand bevor. Es war einerseits von mir erwünscht, etwas über den Zustand meiner Knochen zu erfahren, andererseits fürchtete ich mich, dass das Ergebnis eine erneute Erkrankung aufzeigen könnte. Ich fühlte mich zwar gesund und stark, aber Krebs gibt einem nie absolute Sicherheit und Angstfreiheit. Ich versuchte die Tage davor, so wenig wie möglich an die Untersuchung zu denken und im Tiefsten meines Herzens war ich von einem guten Ausgang überzeugt. Da ich ein ganz normaler Mensch mit allen Schwächen und Zweifeln bin, stellte mich das Warten auf die Untersuchung auf eine harte Probe. Der Besuch bei Frau Kähn einen Tag vor der Untersuchung wirkte sehr beruhigend auf mich und gab mir Zuversicht. Ich war etwas traurig, dass es mir in den seltensten Fällen alleine gelang, mir dieses Vertrauen selbst zu verschaffen. Ich brauche auch heute immer noch die Unterstützung von Frau Kähn.

8.1.2001

Nach der Untersuchung rief mich Frau Wieser an und bestätigte unsere gestrigen Feststellungen. Mich überraschte das nicht, Frau Wieser war spürbar erleichtert.

Diese Unsicherheiten und Ängste bezüglich einer neuen Erkrankung werden sie mit Sicherheit ein Leben lang begleiten. Darum ist es für sie von großer Wichtigkeit, sich immer wieder mit der geistigen Welt zu beschäftigen.

16.1.2001

Ich weiß, dass Hilfe nur dann gewährt wird, wenn die geistige Welt diese Hilfe vergibt. Verschiedene Krankheiten müssen vom Individuum erlebt und durchlebt werden, um eine Weiterentwicklung erfahren zu können. Hier kann man dann nur eine Linderung des körperlichen und seelischen Schmerzes oder eine Reduzierung der Ängste erreichen. Agilus sagte mir einmal, wenn aufgrund meiner Tätigkeit keine Heilung eintritt, so ist das nicht meine Schuld.

Bei schwerwiegender Erkrankung ist auch eine Betreuung der Angehörigen sehr wichtig. Jede Krankheit beruht auf einem tieferen Sinn und meine Aufgabe ist, bei dieser Sinnfindung zu helfen. Der Tod eines Angehörigen löst sehr oft einen Schmerz aus, der bei vielen Menschen nicht bewältigt werden kann oder will. Ich bin davon überzeugt, dass der Verstorbene diese immense Trauer nicht möchte und letztlich selbst darunter leidet. Er muss dadurch oft erdgebunden bleiben und kann seine Ebene nicht sofort wechseln. Ich weiß, dass ich hier bei vielen Menschen auf Skepsis oder Ablehnung stoße, doch der Tod ist für die geistige Welt nur ein nach Hause gehen und eine Erlösung von vielen irdischen Schmerzen. Zahlreiche Kontakte mit Verstorbenen bestätigen mir diese Meinung.

Viele Kinder, die den vorzeitigen Tod wählen, bieten ihren Eltern oft nur eine Hilfe an, bestimmte karmische Begebenheiten aufarbeiten zu können. Durch dieses „Nichtverstehen können" der Menschen entsteht hier unsagbares Leid, das man bei anderer Sichtweise lindern könnte.

Ich glaube auch, dass es Menschen gibt, die nach zehn oder fünfzehn Jahren der Trauer immer noch leiden wollen. Durch eine ungenügende Auseinandersetzung mit dem Tod klinken sie sich aus allen sonstigen Situationen aus. Jeder sollte hier seinen eigenen Weg finden, um mit den Stationen des Lebens zurecht zu kommen. Meine Denkweise ist nur eine von vielen. Ich weiß ebenfalls, dass uns die geistige Welt hier gerne helfen würde, doch die Menschen haben sich ihr oft verschlossen.
Ich habe durch den Zugang zu Agilus sehr viel Hilfe erhalten. Ich kann heute mit Situationen, die mich früher sehr belastet haben, ganz locker umgehen. Ich verstehe den Sinn, der dahinter steht und änderte dadurch meine Denkweise.

17.1.2001

F.: „Ich habe häufig beim Schlafen das Gefühl, aus der Realität zu entschwinden. Dieser Zustand dauert nur wenige Augenblikke, die Rückkehr in das Bewusstsein erscheint mir hart und plötzlich. Was ist das?"
A.: „Das ist der Beginn deiner Astralreisen."

F.: „Gibt es Geistwesen, die nie inkarniert haben und die wiederum ein Teil eines geistigen Führers sind?“
A.: „Ja, das gibt es. Es handelt sich hier um immerwährende Geistwesen, die nicht zum Inkarnieren bestimmt sind. Sie sorgen dafür, dass die Schwingung in der geistigen Welt immer positiv ist. Sie stehen hinter den geistigen Führern. Man kann es mit dem Management eines großen Konzerns vergleichen.“

F.: „Weiß Gott die Zukunft?“
A.: „Ja, er kann den Willen der Menschen voraussehen und weiß somit die Zukunft.“

F.: „Können auch Verstorbene Energie senden?“
A.: „Ja, aber nicht in dem Ausmaß wie geistige Führer. Es liegt am Entwicklungsstand des Verstorbenen. Es können sowohl positive als auch negative Energien sein. Ihr könnt wählen, welche ihr annehmt oder ablehnt. Gegen negative Energien könnt ihr euch schützen. Somit haben sie keine Auswirkungen.“

F.: „Haben verstorbene Seelen einen weiblichen und einen männlichen Anteil?“
A.: „Nein, im Jenseits gibt es so etwas überhaupt nicht.“

F.: „Besteht zwischen „Seelenverwandtschaft“ und „gleichklingender Seele“ ein Unterschied?“
A.: „Nein, das ist das Gleiche.“

F.: „Wie ordnest du meine Ehe ein?“
A.: „Sie ist harmonisch, offen und vertrauensvoll. Ihr habt die intensivste Ebene erreicht, die es gibt. Sie ist glücklich, allum-

fassend und ihr achtet euch sehr. Manchmal seid ihr nicht auf gleicher Wellenlänge. Das ist aber nicht negativ zu bewerten. Das entsteht dadurch, weil ihr zu verschiedene Temperamente habt." (Anm.: Fisch und Steinbock.)

F.: „Was hältst du von der Sterbehilfe bei Menschen?"
A.: „Aktive Sterbehilfe darf nicht gegeben werden. Hier meine ich die Gabe von Medikamenten. Passive Sterbehilfe darf geleistet werden, wenn z. B. in aussichtslosen Fällen lebensverlängernde Maschinen abgeschaltet werden."

F.: „Besteht der Sinn unseres Daseins darin, unsere mitgebrachten Fähigkeiten zu erkennen und zu leben?"
A.: „Ja, das ist eure Lebensaufgabe."

F.: „Kannst du Frau Wieser und mir unsere Begabungen aufzeigen?"
A.: „Frau Wieser hat die Mitmenschlichkeit. Sie lebt sie über den Beruf, ihr Umfeld und über die Familie. Ihren Intellekt sollte sie aber noch mehr einsetzen. Bei dir ist es die Helferrolle, die du schon voll lebst. Deine künstlerische Begabung könntest du noch mehr leben."

F.: „Ist die Reinkarnation nur ein kleiner Teil unserer Erfahrungen? Findet der größere Teil auf der nichtphysischen Ebene statt?"
A.: „Du hast Recht mit deiner Vermutung. Das Ganze wird im Jenseits erst richtig verarbeitet. In der Zeit zwischen den Inkarnationen werden der Seele verschiedene Missstände bewusst gemacht."

F.: „Ich glaube, ich stehe jetzt erst am Anfang meiner spirituellen Entwicklung."
A.: „Du stehst am Ende des ersten Drittels."

F.: „Können sich die Menschen im aktuellen Leben neue karmische Schuld aufladen?"
A.: „Auf alle Fälle."

F.: „Du hast uns erzählt, dass es weder Vergangenheit, noch Gegenwart oder Zukunft gibt. Es gibt nur Jetzt. Laufen dann unsere Inkarnationen alle nebeneinander?"
A.: „Im Grunde ist es auf unserer Ebene so, doch ihr unterliegt auf der Erde den Gesetzen der Zeit und somit stimmt es für euch nicht."

F.: „Hat die Taufe für die geistige Welt eine Bedeutung?"
A.: „Es gibt ein Gesamtkarma, das ihr alle abarbeiten müsst. Die Taufe ist ein Symbol bzw. eine Bewusstmachung, sich zu Gott hin zu orientieren. Es ist eine symbolische Handlung, die das Gute will. Andere Religionen haben andere Handlungen."

F.: „Haben Sakramente eine Bedeutung?"
A.: „Es geht von ihnen eine große Kraft aus, wenn man an sie glaubt und von ihnen überzeugt ist. Bei der Krankenölung z. B. werden gute Mächte geholt."

F.: „Hat die Hl. Messe für die geistige Welt einen Sinn?"
A.: „Sie ist symbolisch zu bewerten. Jeder wandelt für sich selbst um. Die Aufnahme der Hostie durch den Mund symbolisiert die Verbindung mit Gott bzw. das Einswerden mit ihm."

F.: „Du brauchst für dich nicht mehr zu beten. Betest du für andere?"
A.: „Ich bete für die gesamte Welt."

F.: „Tritt die Seele beim Tod sofort aus dem Körper aus?"
A.: „Der endgültige Austritt ist identisch mit dem Zeitpunkt des Todes. Sie hält sich aber noch drei Tage in der Nähe des Körpers auf."

F.: „Dein Name für uns ist Agilus. Warum hast du diesen Namen gewählt?"
A.: „Weil das für dich wichtig war. Du hast den Weg zu mir über Frankreich gefunden. Dort konntest du zu mir einen ganz innigen Zugang herstellen."
Wir wählten seinerzeit den Ort St. Aygulf als Urlaubsziel, ohne die Hintergründe zu kennen. Vor der Kirche steht ein Denkmal des Hl. Aygulf. Es handelt sich bei Agilus und Aygulf aber nur um eine phonetische Ähnlichkeit, die beiden haben keine Gemeinsamkeiten.

F.: „Kann die geistige Welt Gegenstände verschwinden lassen?"
A.: „Im Prinzip ja. Wir können die Schwingung wegnehmen. Der Gegenstand verliert seine Ausstrahlung und ist dadurch nicht mehr auffindbar."

18.1.2001

F.: „In unserer Welt ist die Beziehung des Einzelnen zu seinem geistigen Führer verschieden stark ausgeprägt, wie ist das im Jenseits?"

A.: „Die verstorbene Seele wird beim Tod vom geistigen Führer empfangen. Die Verbindung ist ab diesem Zeitpunkt sehr intensiv und für alle Seelen gleich. Der Seele tut es leid, wenn sie von ihrer Führung zu Lebzeiten wenig oder gar nichts wissen wollte."

F.: „Wie kanalisiert man seine sexuellen Energien?"
A.: „Die Menschen dürfen Sexualität nicht mit Gewalttaten, z.B. einer Vergewaltigung verbinden."

F.: „Was sind sinnlose sexuelle Tabus?"
A.: „Sexualität soll Freude bringen. Wenn es beiden Partnern Freude macht, so gibt es keine Tabus. Es darf aber keiner dabei Schaden nehmen."

F.: „Wenn man im heutigen Leben ein Organ entfernt, hat das Auswirkungen auf ein späteres Leben?"
A.: „Das kann sein, weil damit Energie vom Menschen weggenommen wird. Außerdem wirkt es sich auf die Psyche aus. Es ist in der Aura gespeichert, die Auswirkungen sind aber nicht besonders groß."

F.: „Was kann man tun, um diesen Energieverlust zu unterbinden?"
A.: „Setze das Organ gedanklich wieder ein und es wird keine Auswirkungen haben."

F.: „Wie verhält man sich bei echter Trauer?"
A.: „Trauer hat ihren Sinn und sie muss auch sein. Man sollte den Verstorbenen nicht an diese Welt binden und festhalten. Man soll immer den Gedanken haben: Ich lasse dich gehen.

Den Schmerz soll man mit der Zeit in ein harmonisches Erinnerungsempfinden umwandeln. Das Trauerjahr hat seine Berechtigung, dann sollte es aber vorbei sein. Es ist in Ordnung, wenn man sich relativ bald einen neuen Partner sucht, es ist aber wichtig, den früheren Partner in guter Erinnerung zu behalten."

F.: „Warum gibt es Zwillinge?"
A.: „Die Seelen können sich nicht voneinander trennen."

F.: „Soll man sie geistig trennen, damit sie selbständig werden?"
A.: „Ja, soweit sie eigenständig lebensfähig sind. Jeder soll ohne den anderen seinen Weg finden können."

F.: „Stimmt es, dass wir unser ganzes Wissen eigentlich schon in uns tragen, wir müssten uns nur daran erinnern?"
A.: „Das göttliche Wissen haben alle Menschen in sich gespeichert. Andere Bereiche werden teilweise neu gebildet."

F.: „Was ist Legasthenie?"
A.: „Es ist eine visuelle und akustische Wahrnehmungsstörung. Man könnte es als Defekt im Gehirn bezeichnen. Die Ursache liegt oft in früheren Leben."

F:. „Wir arbeiten bei den rechenschwachen Kindern mit inneren und äußeren Räumen. Ist eine innere Orientierungslosigkeit die Folge mangelhafter äußerer Raumwahrnehmung?"
A.: „Ja, es ist wie ein leerer Raum."

F.: „Woher kommt die Intelligenz?"

A.: „Sie wird mitgebracht. Intelligenz wird bei euch leider überbewertet."

F.: „Woher kommt das Nägelbeißen oder andere Unarten?"
A.: „Es sind immer Beziehungsschwierigkeiten der Menschen untereinander. Das kann sehr oft aus früheren Leben kommen. Es gibt gute kinesiologische Methoden zur Auflösung."

F.: „Kann man bestimmte Wesenszüge vererben?"
A.: „Nein, sie können nicht vererbt werden. Kinder imitieren aber gerne ihre Vorbilder. Man wählt das passende Umfeld zu seinem eigenen vorhandenen Wesenszug."

F.: „Was hältst du von Genforschung?"
A.: „Sie ist gut, wenn sie der Menschheit dient und nicht gegen die Schöpfung handelt."

F.: „Ich empfinde Landschaften und Tiere als schön. Wie ist das bei dir?"
A.: „Ich sehe es, aber es ist für mich nicht wichtig. Ich nehme die Schwingung auf."

F.: „Ich bin der Meinung, dass die Seele alle karmischen Vorkommnisse speichert und ins neue Leben mitbringt. Der Wesensstern dagegen ist bei der Geburt vollkommen rein. Aufgrund falscher früherer Reaktionen, die heute wieder gelebt werden, verändert man seinen Stern und damit sich selbst. Es sind alte Verhaltensmuster, die wieder neu aufleben. Man vergisst sein Grundmotto **Ich bin der ich bin**."
A.: „Ja, das ist so richtig."

F.: „Welche Möglichkeiten gibt es, Tinitus zu behandeln?"
A.: „Du kannst hier mit allgemeinem Stressabbau arbeiten, oft sind es aber Themen aus früheren Leben oder unbewusste Ängste. Eine erfolgreiche Behandlung erfordert immer eine Änderung der Lebensgewohnheiten."

F.: „Woher kommt das Stottern?"
A.: „Diese Menschen haben ein gestörtes Kommunikationsverhalten. Das hat entweder vorgeburtliche Ursachen oder es sind schlimme Erlebnisse aus dem jetzigen Leben."

F.: „Bist du für uns immer erreichbar?"
A.: „Ja, ich kann verschiedene Tätigkeiten gleichzeitig erledigen."

F.: „Du bist nicht nur mein geistiger Führer. Wie würdest du deine anderen Aufgaben beschreiben?"
A.: „In erster Linie bin ich dein geistiger Führer, eine positive Energie für die Gesamtheit. Es gibt in eurer Sprache für die anderen Bereiche keine Worte."

F.: „Genügt es bei einer Unverträglichkeit (von Lebensmitteln) immer, diese der geistigen Welt zu übergeben?"
A.: „Das liegt am Einzelnen. Kann er es nachvollziehen, so genügt es."

F.: „Wenn ich mit dir arbeite, sind dann mehrere Geistwesen anwesend?"
A.: „Ja, es arbeiten immer mehrere zur gleichen Zeit."

F.: „Soll ich nach meiner Arbeit die Aura der Leute von Rückständen reinigen?“
A.: „Ja, aber erst zum Schluss. Das Thema muss wirklich abgeschlossen sein.“

F.: „Kann man Vergiftungen, z. B. mit Schwermetallen, über das Handauflegen auflösen?“
A.: „Nein, du kannst nur negative Energien entfernen. Der Betreffende muss zuerst Medikamente zur Entgiftung einnehmen. Du kannst aber dadurch den Prozess beschleunigen.“

F.: „Stimmt es, dass es sich bei gewissen Schmerzen um die Folge falscher Denkweisen handelt?“
A.: „Ja, Schmerz ist in diesem Fall ein Urteil über eine bestimmte Lebenssituation.“

Nach gut einem Jahr mache ich mir mehr und mehr Gedanken über Ursachen und Auswirkungen meiner Krebserkrankung. Sie ist für mich der Inbegriff aller Rätsel.
Warum verläuft diese Krankheit bei jedem anders? Scheinbar hoffnungslose Fälle gesunden und andere, zunächst harmloser aussehende Erkrankungen, führen zum Tod.
Ich weiß, dass es darum geht, Einheit und Harmonie zwischen Körper, Geist und Seele herzustellen. Es ist von Wichtigkeit, Operationen und medizinische Therapien durchzuführen, es ist jedoch genauso wichtig, Geist und Seele zu behandeln. Eine echte Heilung braucht beide Schienen. Es muss ein inneres Umdenken in vielen Bereichen stattfinden. Jeder Mensch soll und muss hier seinen eigenen Weg gehen. Auch ein Dritter kann über

das Gebet (für den Erkrankten) positiv eingreifen. Deshalb möchte ich noch mal allen danken, die auf diese Weise ihren Beitrag zu meiner Heilung geleistet haben. Viele Menschen gaben mir Denkanstöße in verschiedenste Richtungen. Frau Kähn zeigte mir einen überzeugenden Weg im geistigen Bereich. Genauso vielseitig wie die Medikamente der Medizin sind die Methoden der geistigen Welt. Jeder von uns hat eine geistige Führung, auf die er vertrauen kann.

Für mich ist es kein Problem, die neugewonnenen Ansichten und Erfahrungen mit meinem religiösen Glauben zu vereinbaren. Wir sollten unseren eingeengten Horizont diesbezüglich erweitern und unser vorhandenes, mitgebrachtes göttliches Wissen (von früheren Inkarnationen) nicht unterdrücken, sondern fördern. Es gibt so viel Gutes und Hilfreiches im Sinne Gottes!
Bei der Diagnose Krebs müsste u. a. in einem Atemzug genannt werden:

- *Operation*
- *Chemotherapie*
- *Strahlentherapie*
- *Geistiges Heilen*
- *Gebet*
- *Hildegard-Medizin*
- *Naturheilkunde*
- *Anthroposophische Medizin*
- *Edelsteintherapie.*

Ich will damit sagen, dass trotz der hohen Entwicklung der Schulmedizin der geistige Weg nicht abgetan und belächelt werden darf. Das alte Wissen in unserem Inneren vorhanden und wir müssen wieder hellhörig werden für unsere innere Stimme. Jeder heilt sich selbst, von außen kann nur Unterstützung gegeben werden. Mir fallen hier wieder die Worte von Agilus ein: „Jeder, der an Krebs erkrankt, hat in seinem Inneren beschlossen, dass er mit einer bestimmten Lebenssituation nicht mehr konfrontiert werden möchte.“ Ich meinerseits habe diese Situation gefunden und geändert. Man kann nicht alle angebotenen Wege gehen, aber man ist aufgefordert den geeigneten zu suchen. Auf keinen Fall darf man untätig bleiben und die ganze Krankheit abgeben und vom Arzt erwarten, dass er das Problem alleine löst.

25.1.2001

Frau Wieser hatte sich in ihrer wöchentlichen Sportstunde etwas übernommen. Seit dieser Zeit schmerzte ihre linke Brust. Wir baten Harkon um Rat und erhielten folgende Auskunft: „Es ist eine leichte Quetschung durch falsche Beanspruchung. Lasse die Brust überprüfen, aber nur um selbst beruhigt zu sein.“

Frau Wieser hat Mitte Februar einen Termin zur Korrektur der linken Brust und zur Tätowierung der Brustwarze.
Ihre Frage an Harkon: „Soll ich mir eine Vollnarkose geben lassen oder nur örtliche Betäubung?“
Harkon meinte, sie solle eine Vollnarkose möglichst vermeiden. Ansonsten bräuchte sie sich über diesen Eingriff keine Sorgen zu machen, es würde alles gut verlaufen.

Im Anschluss daran holten wir Agilus und stellten unsere Fragen.

F.: „Es gibt geistige Führer, Engel, Schutzengel und immerwährende Geistwesen. Was gibt es sonst noch für Energien?"
A.: „Es gibt noch „hochstehende Geistwesen": Sie bleiben so lange im Jenseits, bis die Menschen den Prozess der Umwandlung geschafft haben. Am Ende der gesamten Entwicklung bleiben zwei Energien. Die eine ist die göttliche Energie und die andere ist eine gottfremde Energie. Es gibt Menschen, die sich weigern in die Göttlichkeit einzugehen. Sie wollen auch als Verstorbene nicht umdenken. Es ist ihre eigene Entscheidung. Diese beiden Energien werden nebeneinander stehen und können existieren."

F.: „Ist die gottfremde Energie eine negative Energie?"
A.: „Ja, sie ist von Gott abgewandt. Diese Seelen sind durch ihr schlechtes Gedankengut nicht fähig, zu Gott ja zu sagen."

F.: „Transformieren die immerwährenden Geistwesen alle schlechten Energien in gute?"
A.: „Ja, so ist es."

F.: „ Wann dürfen immerwährende Geistwesen in die Göttlichkeit eingehen?"
A.: „Das kann man so einfach nicht beantworten."

F.: „Welche Bedürfnisse hat die Seele?"
A.: „Sie möchte nur erkennen wer sie ist und dann in die göttliche Einheit eingehen."

F.: „Wie verhält sich Gott dem „Schlechten“ gegenüber?“
A.: „Gott akzeptiert es, da es letztendlich eine Polarität zum „Guten“ ist. Der Mensch hat die Wahl, sich zwischen den zwei Extremen zu entscheiden.“

F.: „Wie erkläre ich Kindern den Wesensstern?“
A.: „Im Inneren deines Körpers gibt es einen Platz, wo die Liebe Gottes wohnt und leuchtet. Sie sieht aus wie eine goldene Kugel, sie ist kraftvoll, intensiv und warm.“

F.: „Sind nur in der siebten Auraschicht die Rückstände von vergangenen Leben gespeichert?“
A.: „Ja das stimmt. Es handelt sich um Verletzungen jeglicher Art, seelisch wie körperlich, selbst zugefügt oder von anderen. Verletzungen von heute sind in den inneren Schichten gespeichert.“

F.: „Alle Leute, die zu mir kommen, verspüren eine Anlage zur Hellsichtigkeit oder sind in der Lage, die geistige Welt zu fühlen. Das ist für viele eine absolut neue Erfahrung. Wie ist das möglich?“
A.: „Du eröffnest ihnen diese neue Dimension. Es schlummert schon lange in ihnen und wird von dir nur geweckt.“

F.: „War vor einer Wiederbelebung, z. B. nach dem Ertrinken, die Seele schon ausgetreten?“
A.: „Ja, sie war aber noch mit einem Band verbunden. Erst wenn dieses Band gerissen ist, ist eine Rückkehr nicht mehr möglich. Die Seele entscheidet sich selbst, wieder zurückzukommen. Der Reanimator beeinflusst sie dabei unbewusst.“

F:. „Sind die geistigen Führer immer bei ihren Menschen, ganz gleich ob der Kontakt gewünscht ist oder nicht?"
A.: „Ja, wir sind immer bei euch."

F.: „Kannst du dich auf etwas freuen?"
A.: „Mein Grundelement ist die Freude. Ich lebe in der Freude, deshalb brauche ich das nicht mehr."

F.: „Haben die sechste und die siebte Auraschicht speziell mit Licht zu tun?"
A.: „Ja, auf diese wirkt das Licht als Erstes ein."

F.: „Gibt es Schlossgespenster?"
A.: „Ja, es sind verstorbene Seelen, die sich nicht lösen können. Sie sind unfrei und wollen durch ihr Verhalten auf ihr Leid aufmerksam machen. Diese Erscheinung kann aber überall auftreten."

F.: „Gibt es auch Seelen, die sich nicht lösen, weil sie Gutes bewirken wollen?"
A.. „Ja. Sie sammeln sich an bestimmten Orten (z. B. Kirchen, Heilquellen, Kraftorte in der freien Natur). Sie haben sich freiwillig dazu entscheiden, hier zu bleiben, bis sie ihre Aufgabe erfüllt sehen."

F.: „Wird in naher Zukunft noch ein weiterer Planet in unserem Sonnensystem entdeckt werden?"
A.: „Es gibt sehr viel, was ihr Menschen noch nicht wisst. Ihr habt euer System gemäß eurem Wissen entwickelt. Es wird mit Sicherheit ein neuer Planet entdeckt werden."

F.: „Es stecken immense Kräfte in mir, die es mir ermöglichen, mein Arbeitspensum ohne Ermüdung zu bewältigen. Woher kommt diese Kraft?"
A.: „Sie kommt aus dem Göttlichen, eigentlich hätte sie jeder. Die meisten Menschen haben sie nur noch nicht entdeckt oder sperren sich dagegen. Jeder Mensch bekommt in seinem Leben etliche Chancen, den Zugang zu dieser Kraft zu öffnen."

F.: „Wo lag mein Zugang?"
A.: „Der Streit mit deiner Mutter öffnete dir den Weg zur geistigen Welt. Du hast dabei erkannt, dass du ihn mit herkömmlichen Mitteln nicht lösen kannst. Über die geistige Welt fandest du die Kraft, ohne Schaden für dich den Konflikt durchzustehen. Du erkanntest, dass du deine Mutter zwar nicht ändern kannst, dass du aber mit einer anderen Einstellung die Verletzungen, die sie dir beigefügt hat, heilen kannst.
Der zweite Zugang war deine Arbeit mit Frau Wieser. Durch ihre Krankheit bist du in das geistige Heilen und in die geistige Welt eingestiegen und hast einen riesigen Schritt nach vorne gemacht.
Der dritte war dein Ehemann in Verbindung mit der Angewandten Kinesiologie. Er vermittelte dir das Wissen, das die Grundlage für deine Arbeit war und weiter sein wird.
Der Zugang war zunächst sehr klein, wurde aber immer größer. Bei dir ist das relativ langsam verlaufen, bei anderen Menschen kann das auch sehr schnell gehen. Mehr Kraft erhältst du nicht mehr, weil du sie sonst nicht mehr kanalisieren kannst. Der Zugang zur geistigen Welt wird aber noch intensiver werden."

F.: „Wenn ein Organ entnommen wurde, in welcher Auraschicht sieht man das?"

A.: „Das ist in der siebten Auraschicht zu erkennen."

F.: „Ist in der siebten Auraschicht auch der Lebensplan gespeichert?"
A.: „Der Lebensplan ist in der Seele gespeichert. In der siebten Auraschicht kann man ihn lesen."

F.: „Ich schütze mich vor meiner Arbeit mit verschiedenen Methoden. Ist es besser, den Schutz mit Licht über die Chakren herzustellen oder von außen eine Schutzglocke aufzubauen?"
A.: „Für dich ist der Schutz über die Chakren und über die Haralinie das Beste. Wenn du jemand anderen schützen willst, solltest du eine Schutzglocke über die Person stülpen. Positive Energien sollten drinnen bleiben, negative nicht eindringen können."

F.: „Wie gelangt göttliches Licht vom Hauptkraftstrom in das Chakra?"
A.: „Das Chakra ist beweglich und kann sich dem Licht zuwenden."

F.: „Baut schulisches Wissen auf früheres Wissen auf?"
A.: „Meistens nicht; das schulische Wissen muss fast immer ganz neu erworben werden."

F.: „Ich habe bei meiner Arbeit bemerkt, dass die Aura ein und derselben Person zu jedem Thema eine andere Ansicht bietet. Stimmt das?"
A.: „Ja, das ist richtig so."

F.: „Kann man beim Meditieren aus seinem Körper aussteigen und nicht mehr zurückfinden?"
A.: „Bei Ungeübten kann das überhaupt nicht geschehen. Geübte können zwar aussteigen, aber sie finden immer wieder zurück. Es kann beim Meditieren nur etwas aufbrechen und man muss einen neuen Weg suchen."

F.: „Ist es gut, wenn ich in meiner Arbeit Aura und Chakren miteinander verbinde?"
A.: „Ja, deine Arbeit ist vollkommen in Ordnung."

Ich meditiere täglich mit Agilus und bin jetzt in der Lage, innerhalb einer Minute mit ihm in Kontakt zu treten. Früher dauerte das oft eine halbe Stunde. Ich spüre seine Energie immer stärker und immer öfter. Auch Tante Bollinger ist meine ständige Begleiterin, ich spüre sie immer an der linken Hand.

1.2.2001

F.: „Jede Seele hat von Anfang an die gleichen Chancen. Der Mensch hat einen freien Willen und entscheidet sich für ein entsprechendes Leben. Habe ich Recht mit meiner Vermutung?"
A.: „Ja. Jede Seele bespricht vor der Inkarnation ihren neuen Lebensweg mit ihrem geistigen Führer. Grundlagen sind immer die nicht aufgearbeiteten Erfahrungen der vorangegangenen Leben."

F.: „Letzte Woche wünschte ich mir nachts den Ausstieg meiner Seele aus dem Körper, verbunden mit einem Gespräch mit dir. Ist das geschehen?“ (Normalerweise findet hier nur ein Zusammensein und kein Gespräch statt.)
A.: „Ja, dein Wunsch erfüllte sich. Du könntest jede Nacht deine Seele auf Reisen schicken, sie würde nur davon profitieren.“ (Jeder kann diesen Wunsch äußern.)

F.: „Was hat meine Seele mit dir gesprochen?“
A.: „Das ist unwichtig.“

F.: „Welche Bedeutung hat Südfrankreich für meinen Mann?“
A.: „Er lebte schon einmal dort. Ihr beide kanntet euch und wart Freunde. Es war kein Liebesverhältnis.“

F.: „In unserer kinesiologischen Praxis arbeiten wir zur Zeit mit einem Kind, das unreflektiert pfeift (Tic). Was kann man hier tun?“
A.: „Programmiere den Wesensstern mit göttlicher Liebe und mit Sicherheit. Das Kind ist total überfordert. Gib ihr auch innere Ruhe und du wirst Erfolg haben.“

F.: „Wo sieht man eine Krankheit zuerst, im Chakra oder in der Aura?“
A.: „Man sieht sie zuerst im Wesensstern, dann in der Haralinie und zuletzt im entsprechenden Chakra; sie zeigt sich erst später in der Aura.“

F.: „Ich weiß, dass ihr genauso operiert wie die Menschen. In welcher Auraschicht macht sich das bemerkbar?“

A.: „Auch wir operieren an Ort und Stelle, aber geistig. Die positiven Auswirkungen kann man auf der dritten oder vierten Auraschicht erkennen."

F.: „Haben auch Säugetiere Chakren, eine Aura, eine Seele und einen Wesensstern?"
A.: „Ja, aber statt des Wesenssterns haben sie einen göttlichen Kern."

F.: „Du hast uns das letzte Mal von der göttlichen Kraft erzählt. Gibt es eine Möglichkeit in meiner Arbeit, den Menschen diese Kraft zugänglich zu machen?"
A.: „Ja, hier musst du wieder mit dem Wesensstern arbeiten. Den ersten Schritt kennst du schon: Göttliche Energie erbitten und in jede Zelle des Körpers senden. Der nächste Schritt ist folgender: Stelle dich vor den Betroffenen und lege als Erstes beide Hände auf seinen Kopf. Dann öffnest du gedanklich den Kanal für die göttliche Kraft und lässt sie einfließen. Der Mensch kann das durch ein Gebet während der Arbeit verstärken. Ist der Kanal erst einmal gelegt, kann man das auch alleine tun."

F.: „Ich gehe davon aus, dass der Hauptkraftstrom und die Haralinie zwei verschiedene Dinge sind."
A.: „Am Hauptkraftstrom bzw. dem vorderen und hinteren Meridian hängen die Chakren. Er läuft nicht mittig durch den Körper, sondern folgt den Konturen, aber ein paar Zentimeter unter der Haut. Die Haralinie läuft absolut gerade mitten durch den Körper."
Ich hielt mich genau daran und bekam die Bestätigung, dass alles was auf meinem Zettel stand, seine Richtigkeit hatte. Ich

kann Agilus also hören und fühlen, ohne dass mir das richtig bewusst wird. Ich weiß, dass Agilus mich während meiner Arbeit führt und mein Vorgehen auf seinen Einfluss zurückzuführen ist.

F.: „Was ist ein geistiger Zwilling?"

A.: „Jeder Mensch hat einen geistigen Zwilling. Er ist das identische Gegenstück zu sich selbst, natürlich auch im Geschlecht. Beide Seelen leben ein Leben mit den gleichen Voraussetzungen. Jede hat aber ihren freien Willen. Der Sinn dieser parallelen Existenz besteht darin, dass sich beide Seelen nach dem Tod aneinander orientieren und austauschen können. Sie erhalten dadurch Vergleichsmöglichkeiten und können somit ihr Karma leichter aufarbeiten. Der Geburts- und der Todeszeitpunkt sind verschieden."

F.: „Bedankte sich Jesus vor oder nach jeder Heilung bei Gott?"

A.: „Er bedankte sich nach der Heilung bei Gott."

F.: „Steht hinter Gott noch eine andere Macht?"

A.: „Nein, Gott ist die höchste Macht."

F.: „Allergien kann man der geistigen Welt übergeben oder auch mit den Methoden der Angewandten Kinesiologie auflösen. Gibt es für mich auch noch eine dritte Möglichkeit?"

A.: „Es gibt Menschen, die brauchen eine medizinische Behandlung, weil sie das andere nicht akzeptieren können."

F.: „Wie stellt sich die innigste Beziehung des Menschen zu seiner geistigen Führung dar?"

A.: „Totale geistige Verbundenheit, ein Einswerden in geistiger

Hinsicht! Es gibt Momente bei dir, wo es so ist. Immer kann das nicht sein, weil die Ablenkungen des Lebens zu groß sind. Die Momente können aber länger werden. Es ist auch nicht deine Aufgabe. Deine Hauptaufgabe ist die Heilarbeit mit den Menschen. Wenn du mit mir verschmilzt, bist du in diesem Moment das Gleiche wie ich."

F.: „Welche Zahlen haben eine besondere Bedeutung?"
A.: „Die Bedeutung der Zahlen ist mehr symbolisch, es sind die Zahlen sieben, drei und neun. Alle sieben Jahre erneuert sich der Mensch. Die Zahl drei beinhaltet die Dreifaltigkeit und neun ist drei mal drei zur Verstärkung.

Heute war es an der Zeit, mit meinem verstorbenen Vater direkten Kontakt aufzunehmen. Frau Wieser sah ihn über mir schweben. Meine erste Frage war, ob er einen Wunsch hätte, den ich ihm erfüllen könnte. Dazu meinte er, dass ihm sehr viel daran gelegen wäre, wenn sich meine Mutter ändern würde: „Ich weiß um Vieles mehr als ihr, es wäre nur ihr eigener Vorteil. Ich weiß aber auch, dass du mir diesen Wunsch nicht erfüllen kannst. Es ist nur die Antwort auf deine Frage."
Ich wollte noch wissen, ob er in seinem Leben an Gott geglaubt hat. Seine Antwort: „Ich hatte keinen praktizierten Glauben. Ich glaubte zwar an Gott, habe es aber anders ausgelegt. Dir persönlich möchte ich noch sagen, dass es sehr wichtig ist, an Gott zu glauben und seiner geistigen Führung Folge zu leisten."
„Kann ich etwas für dich tun?"
„Es hilft mir sehr viel, wenn du gedanklich bei mir bist, außerdem helfen mir deine Gebete sehr viel weiter."

„Habe ich eine Möglichkeit, dir zu helfen?"
„Ich stehe noch zwischen meinen zwei Familien." (Mein Vater war zweimal verheiratet und hatte aus jeder Beziehung ein Kind.) „Ich hänge aber weniger an den Frauen als an den Kindern. Es ist für mich nicht ganz geklärt, wo ich hingehöre. Ich verspüre Verantwortung für beide Seiten. Es ist meine Aufgabe im Jenseits, das aufzuarbeiten und eine harmonische Lösung dafür zu finden. Ich bin momentan orientierungslos. Du kannst mir dabei helfen, aber erst später."
Er machte mir den Vorschlag, mich mit Leuten zu unterhalten, die ihn persönlich gekannt haben, damit ich meine Meinung über ihn ändern kann und ich seinen wahren Charakter erkenne.
Ich versprach ihm, mit Agilus über die Situation zu reden und ihm eine Lösung anzubieten. Er erzählte mir, dass er öfter bei meiner Familie wäre. Ich bot meinem Vater an, sich das Positive hier herauszunehmen. Ich verabschiedete mich und sicherte ihm zu, ihn nicht zu vergessen.

Mir wird jetzt erst bewusst, dass ich dreißig Jahre lang meine Gefühle zu meinem Vater unterdrückt habe. Ich werde die letzten dreißig Jahre nachholen, das verspreche ich hiermit!

Wenn ich so auf meine Erfahrungen der letzten Jahre zurückblicke, dann frage ich mich oft, wann eigentlich alles angefangen hat. Seit dreizehn Jahren arbeite ich mit den Methoden der Angewandten Kinesiologie und beschäftige mich mit Grundfragen des Lebens, seit sechs Jahren halte ich regelmäßig Brain-Gym®-Kurse und Wochenendseminare, aber wann hat der Zugang zur geistigen Welt begonnen? Ich weiß es nicht mehr.

Bei meiner Tätigkeit mit der Kinesiologie setzte ich schon häufig, aber unbewusst, meine Intuition ein. Ich glaube, das ist die Grundvoraussetzung für eine erfolgreiche Arbeit. Vor ungefähr drei Jahren begann ich nachts über Träume Situationen von vergangenen Leben aufzuarbeiten. Diese Zeit habe ich in sehr schlechter Erinnerung. Ich erlebte dabei panische Ängste, die mir viele Stunden Schlaf raubten. Es ging manchmal an die Grenzen meiner Belastbarkeit. Diese Angst konnte ich weder verstehen noch verarbeiten. Auch die Deutung meiner Träume half mir nicht viel. Ich verstand zwar die Situation, aber bei ähnlich schweren Träumen innerhalb weniger Tage war ich wieder am Verzweifeln. Mein Unterbewusstsein sagte mir zwar, dass sich in mir eine große Wandlung vollzieht, doch ich selbst stellte mir öfter die Frage, ob der Preis dafür nicht doch etwas hoch ist. Andererseits wollte ich nicht aufgeben. Ich wusste, dass eine Zeit kommen wird, die mich tausendfach dafür entschädigen wird.
Agilus sagte mir später, dass ich diese Ängste durchleben musste, um andere verstehen zu können, die Ähnliches erlebt haben. Hinzu kommt, dass es manchmal notwendig ist, Erlebnisse aus früheren Leben auf diese Weise aufzuarbeiten. Man kann nur heilen, wenn man selbst heil ist.

So ging ich diesen steinigen Weg ein ganzes Jahr lang, immer in der Hoffnung, dass diese Träume bald ein Ende nehmen.

Sie hörten genauso schlagartig auf, wie sie begonnen hatten. Von dieser Zeit an entwickelte sich der Zugang zur geistigen Welt. Im ersten Jahr ging es relativ langsam, im zweiten Jahr nahm diese Entwicklung einen so rapiden Verlauf, dass ich oft selbst verblüfft war.

Agilus sagte mir, dass ich am Ende des ersten Drittels meiner Entwicklung stehe. Ich erlebe in meiner Arbeit täglich etwas Neues. Jede Krankheit und jedes Problem erfordern eine ganz unterschiedliche Vorgehensweise. Auch der Ablauf der Behandlungen unterliegt einem ständigen Wechsel und somit ständig neuen Herausforderungen. Beim Schreiben dieses Buches wird mir die ganze Tragweite meiner Arbeit bewusst, wobei ich nur zwei Fälle beispielhaft aufführe. Agilus führt mich in einen Bereich, den ich oft genug nur schwer verstehen kann. Nur absolutes Vertrauen in meine geistige Führung ermöglicht mir ein problemloses Arbeiten. Meine Erfolge zeigen mir die Richtigkeit der Tätigkeit und mein Dank richtet sich immer wieder an meine geistige Führung und an die geistige Welt.

Agilus und ich haben uns zu einem Team entwickelt, in dem jeder auf den anderen angewiesen ist. Ich brauche die geistige Welt zum Heilen und Agilus braucht mich als Vermittler.

7.2.2001

F.: „Mein verstorbener Vater weiß doch schon viel mehr als ich. Warum kann er sich bei seinem Problem nicht selbst helfen?"
A.: „Weil es mit dir zusammenhängt."

Ich bat Agilus um genauere Informationen und erhielt folgende Auskunft:
„Du sollst dich gedanklich auf deine Halbschwester (sie

wohnt in Tschechien) einstellen und dich damit auseinandersetzen, dass er euer beider Vater ist. Ihrerseits besteht eine Eifersucht, da sie ja nie einen „richtigen“ Vater hatte. Vermittle ihr über Gedanken, dass auch sie ihren Vater loslässt und er somit zu beiden Familien einen freien Zugang hat. Setze dich die nächsten zwei Wochen mehrmals täglich mit dieser Situation auseinander und du wirst sie auflösen.“
Agilus erzählte mir auch noch, dass meinen Vater dieses Problem des zweiten Kindes bis an sein Lebensende sehr belastet hat. Er hatte nach dem Krieg keine Möglichkeit, zu seiner ersten Frau zurückzukehren. Er war ein sehr verantwortungsbewusster Mann und ich kann mir gut vorstellen, dass ihn das alles sehr beschäftigte.

F.: „Ich habe mir angewöhnt, meinen Tag mit einer Umarmung mit dir zu beginnen. Bei mir findet die Umarmung geistig statt, wie ist das bei dir?“
A.: „Bei mir findet sie auch so statt.“

F.: „Warum ist es wichtig, sich mit seinen Geschwistern auf geistiger Ebene auseinander zu setzen?“
A.: „Man ist mit ihnen karmisch verbunden und man hat sich bewusst zusammengefunden, um sich in diesem Leben auseinander zu setzen.“

F.: „Könntest du eine gute Schwingung auf unser Buch legen?“
A.: „Das braucht es nicht, die Schwingung ist von vornherein gut.“

F.: „Stimmt es, dass ich bei meiner Arbeit einen großen Vorteil

habe, weil ich mit dir verbunden bin?"
A.: „Das ist kein Vorteil, weil es anders gar nicht möglich wäre. Jeder, der so arbeitet wie du, hat die Verbindung zur geistigen Welt. Das ist die Grundvoraussetzung dieser Arbeit."

F.: „Warum hatte ich letzte Woche so viele Zweifel an meiner Arbeit?"
A.: „Das muss von Zeit zu Zeit so sein. Wenn du deine Fähigkeiten zwischendurch anzweifelst, bekommst du immer wieder die Bestätigung, dass es in Ordnung ist, was du tust. Wäre das nicht der Fall, würdest du bei deiner Arbeit zu oberflächlich werden."
Diese Auskunft leuchtete mir ein, zumal ich mir immer viele Gedanken mache, wenn ich mich mit diesen Themen auseinandersetze. Ich möchte alles, was mit Agilus zusammenhängt, bedenkenlos glauben können. Es belastet mich dann sehr, wenn ich von Zeit zu Zeit wieder beginne zu zweifeln.

F.: „Wie bist du das letzte Mal gestorben?"
A.: „Es war ein friedlicher Tod, es war mehr ein Hinübergleiten. Bei der letzten Inkarnation sollte das so sein."

F.: „Wie viel Inkarnationen hattest du?"
A.: „Bei mir waren es fünfzehn."

F.: „Ich stärke die Chakren immer mit der liegenden Acht und der entsprechenden Farbe. Genügt das?"
A.: „Ja, das ist für dich richtig. Es gibt aber auch noch andere wirkungsvolle Methoden."

F.: „Ich möchte meine Seele jede Nacht zu dir auf Reisen schikken. Kann ich das einmal vorschlagen und gilt es dann für jede Nacht?“
A.: „Ja, sprich heute Abend mit mir und es wird so sein.“

F.: „Was kannst du mir zur Arbeit mit dem Mädchen F. sagen?“ (F. ist eine begeisterte Musikerin, die mit ihren Leistungen unzufrieden ist.)
A.: „Arbeite mit ihrem Wesensstern und besprich ihn besonders mit dem Thema „Musik“. Zugleich muss sie ihre Ungeduld dämpfen, das ist ihre größte Hemmung. Sie soll die derzeitige Pause mit Gelassenheit nehmen. Das muss so sein. Der momentane Stand ihres Könnens ist die Basis für die weitere Entwicklung.“

F.: „Wenn ich die Aura und die Chakren reinige, ist es dann gut, hier mit den Händen mitzugehen?“
A.: „Eigentlich brauchst du das nicht, für deine Leute aber ist es gut, weil sie es dann besser umsetzen können.“

F.: „Können Tiere weinen?“
A.: „Nein, sie können nur traurig sein.“

F.: „Ist zwischen mir und meinem Vater alles bereinigt?“
A.: „Ja, du hast alles mit ihm geklärt.“

Wir haben uns für einen Aufenthalt in St. Aygulf während der Pfingstferien entschieden. Ich weiß, dass ich noch einmal dorthin muss, wo alles begonnen hat. Ich weiß aber auch, dass es in der dortigen Kirche nicht mehr so sein wird wie voriges

Jahr. Es war die damalige Situation des Augenblicks. Ich möchte meine frühere Heimat noch einmal mit anderen Augen erleben, ich werde vieles anders empfinden. Wir freuen uns alle sehr darauf.

14.2.2001

Frau Wieser war heute bei mir, weil ihr morgen ein weiterer Krankenhausbesuch bevorsteht. Es handelte sich zwar nur um eine kleine Schönheitsoperation, aber sie machte sich trotzdem Gedanken. Ich wollte ihr die Angst nehmen und hatte mir verschiedene Möglichkeiten dafür aufgeschrieben. Wir holten ihren geistigen Führer und baten um seine Mithilfe. Frau Wieser nahm zunächst mit dem Vertrauen Kontakt auf. Wir erklärten ihm, dass diese Operation der endgültige Abschluss der Krankheit wäre, und dass es sich um eine rein optische Angelegenheit handle. Das Vertrauen meinte, momentan käme es gut damit zurecht, aber es bestünde die Gefahr, im Krankenhaus bei der Konfrontation mit den anderen Kranken wieder umzukippen. Frau Wieser soll versuchen, die gefühlsmäßig negativen Erinnerungen zu löschen. Eigentlich hatte sie mehr gute als schlechte Erfahrungen. Wir listeten deshalb alle positiven und alle negativen Werte auf: nette Ärzte, nette Schwestern, bequeme Betten, gute ärztliche Versorgung, gutes Essen und eine angenehme Atmosphäre. Dem gegenüber standen: Erbrechen, Angst vor und bei der Operation, kranke Mitpatienten. Das Erbrechen war diesmal kein Thema, ebenso wenig die Angst vor der Operation. So blieb nicht viel Negatives über. Wir speicherten in den

Körper ein, dass das Positive überwiegt.
Als Nächstes füllten wir den Operationsraum für den Operationstag mit positiver Energie, die sich auf alle Ärzte, Schwestern und auf sämtliche Geräte übertragen wird. Frau Wieser sollte das kurz vor der Operation wiederholen.
Danach umgab ich Frau Wieser mit einer Schutzglocke aus göttlichem Licht, die sie vor allem Negativen schützt. Nur das Gute kommt auf sie zu, das Schlechte bleibt draußen.
Als Letztes legte ich noch meine linke Hand auf ihren Solarplexus und bat um Verträglichkeit des Narkosemittels. Ich spürte dabei eine starke Sogwirkung in der Hand.

Harkon meinte zum Schluss, dass Frau Wieser nun einen Allroundschutz hat. Besser geht es nicht mehr!

Nach ihrem Krankenhausaufenthalt besuchte mich Frau Wieser und erzählte, dass es ihr sehr gut gegangen war. Die Operation verlief problemlos und der OP-Saal war mit positiver Energie gefüllt. Auch ihre größte Angst - die vor belastenden Mitpatienten - trat nicht ein.

Mitte Februar fand die letzte Operation statt. Dabei wurde die Brustwarze neu geformt, der Warzenhof tätowiert und Fett abgesaugt, weil die künstliche Brust etwas zu groß ausgefallen war.

Ich erlebte diesen Schritt der Vollendung in drei Etappen:
Am Anfang der Diagnose erschien es mir als einzig wichtig, das

bösartige Gewebe loszuwerden, egal ob es die ganze Brust kosten würde oder nicht. Durch den Wechsel des Krankenhauses wurde aber der Wiederaufbau möglich. Natürlich war ich sehr glücklich, dass die Silhouette von außen stimmte und so störte es mich zu dieser Zeit auch nicht, keine Brustwarze zu haben. Ich hatte keine Probleme damit.

Mein Mann überließ es ganz mir, über das weitere Vorgehen zu entscheiden, und das meinte er ehrlich. Er gab mir auch nie das Gefühl, dadurch für ihn weniger attraktiv zu sein. In unserer tiefen innigen Beziehung spielte das überhaupt keine Rolle. So war ich also glücklich und zufrieden und fand es schon fast unbescheiden, mehr zu wollen.

Ein Jahr später - ich fühlte mich durch und durch gesund - keimte der Wunsch auf, wieder „komplett" zu sein. Ich wollte nicht nur innerlich, sondern auch äußerlich vollkommen genesen sein und so kam es zum Entschluss (an den ich ein Jahr lang nicht geglaubt hatte), diese „Endoperation" doch durchführen zu lassen.

Einen Tag vor dem Eingriff ging ich zu Frau Kähn, die mich wie gewohnt mental auf die Operation vorbereitete. Sie entschärfte sämtliche Medikamente und wir gingen im Geiste alle Situationen durch. So gestärkt fuhr ich ins Krankenhaus.

Als ich in den Operationsraum gefahren wurde, fühlte ich mich von vielen guten Geistern umgeben. Ich schwelgte in dem Gefühl, das ein Lied von Dietrich Bonhoeffer zum Ausdruck bringt: „Von guten Mächten wunderbar geborgen, erwarten wir getrost was kommen mag."

Unter lokaler Betäubung verlief der Eingriff ohne jegliche Komplikation. Ich konnte mit dem Ergebnis sehr zufrieden sein. Schon nach kurzer Zeit war ein großer Teil der Operationsnarben bestens verheilt. Man konnte kaum mehr erahnen, dass es sich bei meiner linken Brust um ein vollkommen „neues" Gebilde handelte.

Ich bewundere die Medizin auf diesem Gebiet sehr und bin glücklich über den ganzen Verlauf.

Anregungen zu meiner Arbeit nehme ich zum Teil aus zwei Büchern über geistiges Heilen, die Frau Wieser zufällig in einer Wühlkiste in einem Kaufhaus gefunden hatte. Sie kaufte sie mit dem Gedanken, irgend jemand wird sie schon einmal gebrauchen können. Das war mit Sicherheit kein Zufall.

21.2.2001

Ich befragte heute meinen Schutzengel Emilian.
F.: „Schütze ich mich zur Zeit ausreichend vor jeder Behandlung?"
A.: „Ja, es genügt. Es ist sehr wichtig, dass du immer daran denkst."

F.: „Fühlst du dich auch mit angesprochen, wenn ich mit Agilus rede?"
A.: „Ja, es ist das Gleiche. Ich weiß, dass Agilus dein Ansprechpartner ist. Es gibt bei uns keine Eifersucht. Du brauchst dir

deswegen keine Gedanken zu machen."
Frau Wieser verspürte Emilians Energie nicht so stark wie die von Agilus. Er meinte dazu, dass er aber genauso präsent und wirkungsvoll wie Agilus ist.

F.: „Jeder eurer Namen hat auch eine bestimmte Bedeutung. Wie kommt ihr dazu?"
A.: „Es entspricht dem Wunschdenken der Menschen, wobei die Bezeichnung den Führer auch charakterisiert. Es ergibt sich dadurch eine gegenseitige Vertrautheit zwischen geistigem Führer und Menschen."

Neulich hatte ein zehnjähriges Kind infolge eines Sturzes starkes Nasenbluten. Ich stoppte gedanklich das Blut und es hörte sofort auf zu fließen.
F.: „Ist dieser Effekt durch mein Eingreifen entstanden?"
A.: „Ja, du hast es gestoppt, es hätte sonst sehr lange geblutet."

F.: „Stimmt es, dass geistige Führer und Menschen mit einem Verbindungsband des vierten Chakras verbunden sind?"
A.: „Ja, das stimmt. Dieses Band ist normalerweise für beide Seiten nicht lösbar. Die einzige Ausnahme geschieht beim Selbstmord. Hier trennt sich die Seele aus freiem Willen ab."

F.: „Wird es eine Zeit geben, in der ich dich nicht akzeptieren kann?"
A.: „Nein, es kann aber eine Zeit geben, wo du mehr Abstand von mir haben wirst. Es muss aber nicht so sein."

F.: „Kannst du aus einem kleinen Teil das Ganze rekonstruieren?" (Das ist so zu verstehen, als ob man von einem beschrie-

benenen Blatt nur ein kleines Stück besitzt, aber daraus den ganzen Inhalt folgern kann).
A.: „Ja, das hängt mit meinem Universalwissen zusammen."

F.: „Darf man die Kundalinikraft (Sexualkraft) ins Scheitelchakra ziehen?"
A.: „Nein, sie gehört in das erste Chakra. Es ist nicht im göttlichen Sinne, damit zu experimentieren."

F.: „Die Hauptchakren hängen am Hauptkraftstrom. Wo hängen die Nebenchakren?"
A.: „Sie sind ebenfalls mit dem Hauptkraftstrom durch eine eigene Energie verbunden. Bei manchen Personen sollte man mit ihnen arbeiten."

F.: „Warum blockieren Chakren?"
A.: „Das geschieht, wenn man seine Gefühle unterdrückt."

F.: „Warst du bei der Operation von Frau Wieser anwesend?" (Ich hatte ihn seinerzeit darum gebeten.)
A.: „Ja, du hast mich darum gebeten, sonst wäre ich nicht dabei gewesen."

F.: „Ist die Angelegenheit mit meinem Vater erledigt?"
A.: „Ja, deinem Vater geht es jetzt sehr gut."

F.: „Warum fühlte er sich für beide Kinder verantwortlich?"
A.: „Alle Seelen einer Familie hängen zusammen, sie sind miteinander verwoben."

F.: „Darf man die Verbindungsbänder von Krankheit und

Chakren auflösen oder sollte man sie „nur“ reinigen?“
A.: „Bei einer aktuellen Erkrankung sollst du sie reinigen, bei überstandener Krankheit darfst du sie auflösen.“

F.: „Du hast uns gesagt, dass dein Wesensstern anders aussieht als unserer.“
A.: „Mein Wesensstern muss nicht mehr aufgeladen werden. Es ist eine andere Dimension. Euer Wesensstern gehört immer wieder aufgeladen.“

F.: „Hast du gewusst, dass meine Entwicklung so schnell geht?“
A.: „Nein, man kann es nur erahnen und die Tendenzen sehen. Der Mensch hat einen freien Willen, den ich nicht abschätzen kann.“

F.: „Die Seele hängt an der Haralinie. Gilt das Gleiche für den Wesensstern?“
A.: „Nein, der Wesensstern ist nicht mit der Haralinie verbunden.“

F.: „Die Haralinie beginnt mit einem Trichter. Welchen Zweck hat dieser Trichter?“
A.: „Man kann hier positive Schwingungen einleiten. Sie sind nicht so stark wie reine Energie, aber sie wirken harmonisierend.“

F.: „Wann ist es angebracht, mit diesen Schwingungen zu arbeiten?“
A.: „Wenn jemand aus dem energetischen Gleichgewicht ist und du die Balance wieder herstellen willst.“

Vor einigen Jahren hatte ich an der Schläfe eine nässende Stelle. Der Hautarzt empfahl mir, das Gewebe entfernen zu lassen, da eine bösartige Entwicklung nicht ausgeschlossen werden kann. Vor diesem Eingriff arbeitete ich mit einem Abarispfeil. (Das ist ein Gerät zur Veränderung von Schwingungen.) Nach einigen Wochen gab ich ihn zurück und stellte dabei fest, dass er die Hälfte seiner Energie verloren hatte.
F.: „Hat der Abarispfeil das negative Gewebe in positives verwandelt?"
A.: „Das Hautgewebe war zu keiner Zeit bösartig. Es bestand nie die Gefahr einer ernsthaften Erkrankung. Der Pfeil hat seine ganze Kraft für die Zukunft verwendet, um auch hier nichts entstehen zu lassen. Das Gerät kann jederzeit wieder aufgeladen werden, ihr müsst nur den Richtigen finden."

1.3.2001

F.: „Wenn ich meine drei Entwicklungsschritte hinter mir habe, kann ich dann noch zusätzliches Wissen erwerben?"
A.: „Nein, dann hast du deine Lebensaufgabe erfüllt. Es ist der Abschluss des diesseitigen Lebens. Deine weitere Entwicklung wird in Zukunft aber langsamer verlaufen als im letzten Jahr."

F.: „Wenn ihr euch in verschiedenen Bewusstseinsebenen bewegt, habt ihr dann auch bestimmte Vorgaben und Voraussetzungen ähnlich unserer Wege und Straßen?"
A.: „Nein, das gibt es bei uns nicht."
F.: „Hast du ein besonderes Gebet für uns?"

A.: „Nein, jeder muss seine eigenen Gedanken in Worte fassen. Es sollen im Gebet sowohl die Gemeinschaft als auch die eigene Person vorkommen, ebenso das eigene Ziel und das gemeinsame Ziel aller Menschen und aller Geistwesen: Die Einheit. Wenn ich euch etwas diktieren würde, wäre das nur ein Hindernis für euch, da ihr dadurch festgefahren seid. Das „Vaterunser" bringt eine gewisse Einheit auf der Welt, da es in alle Sprachen übersetzt wurde. Der Rosenkranz ist auch gut, weil hier bestimmte Inhalte wie bei einer Meditation immer wiederkehren. Legt euch bei euren Gebeten nicht fest, aber Bitte und Dank sollen immer damit verbunden sein."

F.: „Du hast uns erzählt, dass dein letzter Tod sehr friedlich war, es war ein Hinübergleiten. Können wir Menschen das beeinflussen?"
A.: „Ja, ihr müsst darum bitten und dafür beten."

F.: „Es gibt Menschen, die sehr qualvoll sterben. Warum ist das so?"
A.: „Einige bauen damit ihr Karma ab."

F.: „Ist es richtig, dass man bei der letzten Inkarnation alle frühere Schuld und allen Streit abgebaut haben muss bzw. keine neuen Belastungen mehr aufbauen darf?"
A.: „Wer in die Einheit gehen will, muss mit sich und der Schöpfung im Reinen sein."

Frau Wieser hat sich entschlossen, im Herbst eine Ausbildung zum Heilpraktiker zu beginnen. Das wäre für uns eine gute Ergänzung: Kinesiologie, Heilpraktiker und geistiges Heilen.

F.: „Werden Frau Wieser und ich auch nach dieser Ausbildung zusammen arbeiten?“
A.: „Ja, ihr werdet aber nie eine gemeinsame Praxis betreiben. Ihr werdet euch immer gegenseitig beraten und die Situationen mit Harkon und mit mir besprechen.“

F.: „Sieht das Auge das, was die anderen Sinnesorgane zuerst wahrnehmen?“
A.: „Nein, es ist immer eine Gesamtwahrnehmung. Naturvölker haben sich die richtige Art der Wahrnehmung bewahrt. Sie nehmen zuerst intuitiv den Gesamteindruck wahr und sehen es dann bewusst mit dem Auge.“

F.: „Ein Krebsgeschwür ist nichts anderes als die Folge eines unterdrückten Gefühls oder einer fehlgeleiteten Energie. Stimmt das?“
A.: „Ja, das ist richtig. Die Körperzelle verändert sich aufgrund einer falschen Denkweise ins Negative.“

F.: „Im Jenseits ist jede Seele der anderen wohlgesonnen. Stimmt das?“
A.: „Ja, es herrscht hier eine selbstverständliche Vertrautheit aller.“

Frau Wieser und ich führten ein sehr schönes Gespräch mit meinem Vater. Er freute sich sehr darüber. Ich fragte nach seinen Empfindungen für mich. Er beschrieb sie mit Liebe, Väterlichkeit und Anerkennung (er bewundert meine Stärke, meine Konsequenz und meine Beharrlichkeit in der Zielsetzung). Mit meiner Mutter hat er einerseits Mitleid, andererseits fühlt er eine gewisse Liebe zu ihr. Mitleid deshalb, weil sie nicht willens und fähig ist, sich zu ändern. Für seine andere Tochter empfindet er Väterlichkeit und Liebe. Diese Eigenschaften konnte er im realen Leben nur in der Phantasie leben. Ich fragte ihn auch nach dem Grund seines frühen Todes. Er begründete es damit, dass er sein Lebenswerk damals vollbracht hatte. Über seine Beziehung zu mir meinte er, dass es zwar ein liebevoller, aber zurückhaltender Umgang war. „Du warst das Kind deiner Mutter, ich hatte keine Chance, an dich heranzukommen." „Warum musste ich seinerzeit ins Kinderheim?" Er wusste keinen vernünftigen Grund dafür, es war reiner Egoismus beider Elternteile. Er freute sich sehr, dass ich nach meiner Unsicherheit beim ersten Kontakt eine enge Vertrautheit entwickelte. „Wir kamen uns beide sehr nahe." Er versucht täglich, meine Mutter positiv zu beeinflussen.

Ich habe in der Zwischenzeit mit Hilfe von Agilus eine harmonische Beziehung zu meiner Mutter aufgebaut. Probleme kann man nur durch die eigene Verhaltensänderung lösen. Er gab mir noch den Rat, meiner Mutter täglich Liebe zu senden.

6.3.2001

Heute ist mein fünfzigster Geburtstag! Frau Wieser kam zu mir und wir sprachen unter anderem auch mit Agilus. Ich fragte ihn nach seinem Geburtstagsgeschenk für mich. Er meinte dazu:

„Mein Geschenk ist die Fülle des Lebens. Das erhalten nur sehr wenige Menschen, weil sie es sich nicht schenken lassen. Eigentlich könnte es jeder erhalten.“
Ich fragte ihn, was er darunter versteht.
A.: „Es ist die Erkenntnis, dass das irdische Dasein ein Bestandteil der Schöpfung ist. Damit verbunden ist das Wissen über die universale Energie, Kraft und Schönheit. Du kannst mit diesen Dingen umgehen. Sie sind ein lebendiger Bestandteil deiner Existenz.“

7.3.2001

Mein gestriger Geburtstag war ein sehr schöner Tag. Es kam kein bisschen Sentimentalität auf und die Glückwünsche kamen von allen Seiten mit großer Herzlichkeit. Ich verspürte die göttliche Liebe, die dahinter stand.

8.3.2001

Agilus führte mich heute bei einer Meditation in einen Bereich, der mir das Gefühl gab, außer Raum und Zeit zu sein. Ich spürte seine Gegenwart in immer wiederkehrenden Wellenbewegungen, die durch meinen Körper flossen. Mein Zeitgefühl ging mir vollständig verloren. Ich befand mich auf einer friedlichen und glücklichen Gefühlsebene, die keine Begrenzungen von außen zuließ. Die Meditation endete schlagartig und mein Tagesbewusstsein setzte wieder voll ein. Erstaunt stellte ich fest, dass zwei Stunden vergangen waren.

Agilus sagte mir nachher, dass er mir die Bedeutungslosigkeit von Raum und Zeit zeigen wollte.

9.3.2001

Ich feierte heute meinen Geburtstag im Kreise der Familie und einiger Freunde im Rahmen eines Essens. Die Feier war sehr schön und ich spürte die harmonische Schwingung. Neben den Geschenken erhielt ich eine Reihe von Grüßen in Form von Gedichten, Gebeten oder sonstigen liebevollen Worten.
Hatte ich bei meinem vierzigsten Geburtstag noch ein Gefühl der verlorengegangenen Jugend in mir, freue ich mich heute jeden Tag aufs Älterwerden. Ich hoffe täglich, meinem Ziel einen kleinen Schritt näher zu kommen: Die vollkommene Verbindung mit der geistigen Welt! Zeit in Form von Jahreszahlen ist für mich bedeutungslos geworden!

12.3.2001

Frau Wieser kam heute Abend zu mir, da es ihr energetisch sehr schlecht ging. Sie hatte fünf verschiedene homöopathische Mittel und zur selben Zeit eine Bachblütenmischung von zwei verschiedenen Quellen erhalten. Sie nahm alles gleichzeitig ein.
Ich testete die homöopathischen Mittel zuerst einzeln aus und stellte fest, dass sie in Ordnung waren. Bei den Bachblüten merkte ich, dass sie nicht harmonierten. Frau Wieser erklärte mir,

dass es sich um fünf verschiedene Essenzen handelte. Gefühlsmäßig reduzierte ich die Menge auf drei verschiedene Blüten. Beim Testen stellte sich dann heraus, dass die Bachblüten die homöopathischen Mittel negativ beeinflusst hatten. Wir baten Harkon um Rat und er bestätigte meinen Verdacht. Auf meine Frage, warum Frau Wieser hier so stark reagierte, meinte Harkon, dass sie extrem sensibel sei und deshalb nicht so viele verschiedene Mittel einnehmen dürfe. Außerdem machte er uns noch darauf aufmerksam, dass hochpotenzierte Mittel nicht mit niedrig potenzierten Mitteln gleichzeitig eingenommen werden dürfen. Der Körper wäre mit den niedrigen Potenzen vorerst ausgelastet. Wir stellten daraufhin eine neue Mischung mit nur drei Bachblüten zusammen.

Außerdem schmerzte wieder die rechte Brust. Harkon meinte, dass unsere bisherige Arbeit mit ihr in Ordnung war. Sie befindet sich aber momentan in einem Prozess, der länger dauert und die Entstehungsgeschichte der Krankheit zurücklaufen lässt. Frau Wieser soll das so sehen und akzeptieren. Über die Bewusstmachung dieser Situation wird sie Hilfe erhalten. Zur Zeit ist jeder Schmerz in ihrem Körper ein Rückbildungsprozess, der große Anforderungen an das Vertrauen stellt.
Wie sagte Harkon vor einiger Zeit?
„Man muss selbst merken, dass der Zweifel sinnlos ist. So stärkt man das Vertrauen."

Anschließend arbeitete ich noch mit Frau Wiesers Haralinie. Wir stellten im Bereich des Scheitelchakras eine Verengung fest, im Bereich des Magens war sie dunkel verfärbt und mit dem

Wurzelchakra hatte sie kaum Verbindung. Ich straffte die Linie und verankerte sie gut. Dann legte ich im Bauch- und Kopfbereich die Hände auf und Frau Wieser sah und spürte die Veränderung, die von der geistigen Welt vorgenommen wurde. Zum Schluss leitete ich noch Energien von Mutter Erde ein und setzte den Kreislauf wieder in Bewegung.

Frau Wieser sah sich meine Haralinie an und stellte fest, dass sie sich straff durch den Körper zog und auch richtig verankert war. Sie betrachtete noch meinen Wesensstern. Er strahlte klar. Agilus sagt immer, dass man nur heilen kann, wenn man selbst heil ist.

Frau Wieser erzählte mir auch, dass sie die letzten Tage mit großen Zweifeln gelebt hatte. Ihr wurde dabei bewusst, dass sie aufpassen muss, damit dieser aufkommende Zweifel nicht die Oberhand gewinnt. Harkon meinte dazu, dass diese Empfindungen als gutgemeinte Warnungen zu sehen sind, aber dass kein Grund für Ängste vorhanden ist. Die Aufarbeitung ihrer Krankheit wirkt sich derzeit noch auf Psyche und Körper aus. Wichtig ist, dass das positive Gedankengut nicht von den negativen Gedanken beeinflusst wird.

Zum Schluss stellte ich noch drei Fragen an Agilus:
F.: „Ich hatte letzte Nacht ein sehr eigenartiges Gefühl, das einem Sturz ins Ungewisse glich. Außerdem spürte ich eine Art Sog an den Augen. Was hatte das zu bedeuten?“
A.: „Du warst kurze Zeit nicht du selbst. Dein Unterbewusstsein befürchtet bei deiner Arbeit manchmal „Aussetzer“, die es aber in Wirklichkeit für dich nicht gibt.

Diese Reaktionen sind ganz normal und absolut menschlich. Dagegen kannst du auch nichts tun. Ich habe dir die Augen geöffnet (Sogwirkung) und zog dich aus dieser Situation heraus. Daraufhin konntest du - im übertragenen Sinne - wieder klar sehen. Durch dieses nächtliche Erlebnis bist du in der Lage, deine unbewusste Angst abzulegen."

Wenn ich die Zusammenhänge kenne, bereiten mir solche Begebenheiten im Nachhinein keine Probleme mehr. Ich freue mich, derartiges erleben zu dürfen und bedanke mich jedes Mal bei Agilus.

F.: „Ziehen geistige Führer generell den Menschen aus solchen Situationen?"
A.: „Nein, so ist das nicht. Viele Menschen leben mit selbstproduzierten Ängsten und ständig negativen Gedanken. Sie fallen somit in ein Loch, das der Anfang einer Depression sein kann. Bei dir kann das nicht geschehen, weil du es anders verarbeitest."

F.: „Es gibt geistige Führer, die von sich aus viel erzählen. Könntest du das zwischendurch auch so handhaben?"
A.: „Nein, das ist nicht der Weg, den ich dich führe. Du musst mit Fragen an mich herantreten. Auf diese Weise erhältst du auch Hinweise zur Heilung anderer."
Es würde mir große Freude bereiten, einmal nur die Zuhörerin spielen zu dürfen. Vielleicht lässt er sich irgendwann doch einmal erweichen. Es wäre schön, Agilus!!!

Hier spürte ich auch die Grenzen, denen wir Menschen gegenüber der geistigen Welt unterworfen sind. Man muss bereit sein, seiner Führung Folge zu leisten im Glauben, dass sie uns immer den bestmöglichen Weg zeigt.

15.3.2001

F.: „Erkläre uns bitte, wie es möglich ist, dass du dich an verschiedenen Orten gleichzeitig aufhalten kannst?"
A.: „Ich kann mein Bewusstsein teilen und mich durch jeden Teil getrennt mitteilen. Das ist eine Erklärung für die Menschen; wie es sich in Wirklichkeit verhält, ist jedoch für euch unverständlich."

F.: „Hattest du im irdischen Leben einen Lieblingsplatz?"
A.: „Ja, ich begebe mich auch heute noch öfter an diesen Platz. Ich nehme in der Vorstellung meine damalige Gestalt an und verweile dort. Es ist ein kleiner See, und ich sitze an seinem Ufer. Es ist meine Seele, die weiterlebt. Den See gibt es jetzt nicht mehr. Das ist aber nichts besonderes, das machen alle geistigen Wesen so."

F.: „In diesem Jahr soll ein Mensch geklont werden. Was sagt die geistige Welt dazu?"
A.: „Es wird seine Folgen haben, es wird aber nicht gleich geschehen. Hier tragen wieder alle Menschen die karmische Gesamtschuld."

F.: „Ich würde dir gerne eine Freude bereiten. Ist das überhaupt möglich?"
A.: „Das tust du ja sowieso schon. Deine Arbeit kommt als

Schwingung zu uns und kann von jedem Einzelnen wahrgenommen werden. Bei uns geht immer alles an die Gesamtheit, du kannst keinen einzelnen geistigen Führer alleine ansprechen."

F.: „Dein Geburtstagsgeschenk hat mich sehr gefreut. Ich gehe davon aus, dass alle Menschen die gleichen Chancen haben."
A.: „Ja, das stimmt. Das Geschenk war möglich, weil sich beide Seiten (du und ich) darum bemüht haben. Du hast sechs Leben gebraucht, um das annehmen zu können. Vor den letzten Inkarnationen muss man in diese Richtung gehen. Jeder muss sich das aber selbst erarbeiten."

F.: „Wie lange schon gibt es deine Persönlichkeit?"
A.: „Unser aller Persönlichkeiten gab es schon lange, bevor eure Erde entstanden ist."

F.: „Vor kurzem wurde ein Kind ermordet. Wie kann die Allgemeinheit helfen?"
A.: „Man kann für dieses Kind beten und es mit guten Gedanken begleiten."

F.: „Hilft es, wenn andere sich beim Opfer an Stelle des Täters entschuldigen?"
A.: „Nein, das hat keinen Sinn. Das muss der Täter selbst erledigen."

F.: „Was kann ich speziell dafür tun?"
A.: „Du kannst die Seele geistig pflegen. Du musst sie nicht heilen, sie ist heil. Die Seele hat unter dieser Tat aber sehr gelitten und ist vollkommen aufgewühlt. Wirke harmonisierend auf sie ein, sende ihr göttliches Licht und Liebe und segne sie.

Generell kannst du jede Seele so ablösen, dieses Kind ist aber schon bei uns.“

F.: „Können wir unsere Träume beeinflussen?“
A.: „Ihr könnt euer Gedankengut ändern, dadurch wiederum werden sich teilweise die Träume ändern. Die Umwelt könntet ihr durch positive Gedanken auf jeden Fall beeinflussen.“

F.: „Was sind innere Sinnesorgane?“
A.: „Das sind die Gedanken, die Intuition, das emotionelle Herz, der Wesensstern und die Sensibilität. Durch diese Sinnesorgane könnt ihr die geistige Welt wahrnehmen.“

F.: „Hast du ein emotionelles Herz?“
A.: „Nein, das habe ich nicht.“

F.: „Empfindet die Seele bei der Inkarnation einen Trennungsschmerz gegenüber dem geistigen Führer?“
A.: „Nein! Sie weiß, dass sie nicht getrennt wird.“

F.: „Warum konnte ich dich von Anfang an ohne Zweifel akzeptieren?“
A.: „Diese Frage musst du dir selbst beantworten.“
Meine Antwort dazu: „Weil sich meine Seele das so wünschte.“
A.: „Ja, deine Antwort ist richtig.“

F.: „Was kann ich bei Frauen tun, die mit Orgasmusproblemen zu mir kommen.“
A.: „Du musst die Reflexleitungen von den Geschlechtsorganen zum Gehirn und zurück frei machen. Ihre Verbindung ist

gestört. Auch die „Schaltzentrale“ im Gehirn muss überprüft werden. Außerdem musst du die Durchblutung der Geschlechtsorgane anregen und Hemmungen abbauen, die sich in Form von Scham gebildet haben. Zusätzlich sollst du jeder Frau positive Affirmationen mitgeben.“

F.: „Können geistige Führer den Menschen grollen?“
A.: „Nein, das geht nicht. Ihr könnt die geistige Welt überhaupt nicht beleidigen. Wir sind unangreifbar. Wir entziehen euch aber auch nie unsere Hilfe, ganz gleich, was geschehen ist. Ihr müsst nur bereuen und um unsere Hilfe bitten.“

F.: „Endet das irdische Leben gleichzeitig mit der Erfüllung der Lebensaufgabe?“
A.: „Nein, das muss nicht sein. Der Mensch kann sich frei entscheiden, ob er weiterleben möchte. Es ist aber eine gewisse Zeitspanne vorgegeben.“

F.: „Du hast uns von einer gottfremden Energie erzählt, die eines Tages neben der göttlichen Energie bestehen wird. Wer ist deren oberste Macht?“
A.: „Es ist eine geballte negative Schwingung.“

F.: „Wie werden sich die Seelen darin fühlen?“
A.: „Sie fühlen sich nicht gut. Sie müssen aber nicht dort bleiben. Es ist ihre eigene Entscheidung und sie können jederzeit überwechseln ins Göttliche. Gott nimmt nichts übel.“

F.: „Kann man geistige Führer beeinflussen?“
A.: „Nein, das könnt ihr nicht. Es kann aber die Zeit Änderun-

gen mit sich bringen."

F.: „Ich lerne sehr viel durch deine Führung. Lernst du auch durch mich?"
A.: „Nein, das tue ich nicht."

F.: „Habe ich wirklich eine so hohe Erwartungshaltung?"
A.: „Ja, das stimmt. Es ist aber nicht schlecht, sie zu haben. Dadurch strengt man sich mehr an und erreicht auch viel. Du darfst dich aber nicht selbst unter Druck setzen, weil du dann darunter leidest."

F.: „Bis jetzt leitete ich die Energie immer vom unteren Ende der Haralinie in das Wurzelchakra und von dort zu den restlichen Chakren. Könnte ich diese Energie auch direkt über die Haralinie nach oben laufen lassen?"
A.: „Ja, das kannst du genauso. Es ist der schnellere Weg, beide Möglichkeiten sind aber gleich gut. Die Energie läuft die Haralinie in einer festen Bahn auf- und abwärts. Du musst dann nur die Chakren überprüfen und gegebenenfalls reinigen."

22.3.2001

Ich weiß, dass ich meine ganze Stärke von Agilus beziehe. Wenn ich das vergangene Jahr so überdenke, war das mit Sicherheit auch notwendig. Ich musste sehr viel Kraft aufbringen, um all die neuen Eindrücke zu verarbeiten und umzusetzen.

F.: „Ich habe die Seele eines ermordeten Kindes eine Woche lang geistig gepflegt. Beim Segnen hatte ich den Eindruck, dass ich deine Hände auf den meinen spürte. War das so?"
A.: „Ja, das war richtig. Ich bin immer bei dir."

F.: „Könnte ich auch ohne dich segnen?"
A.: „Ja, auch das ist möglich. Das können alle Menschen."

F.: „Kann ich für dieses Kind noch etwas tun?"
A.: „Nein, die Sache ist erledigt und für das Kind bzw. seine Seele optimal gelöst worden. Du kannst in Zukunft für alle verstorbenen Seelen beten."

F.: „Wie lange braucht eine Seele, bis sie eine sehr schwierige Sterbesituation (z. B. bei Mord) überwunden hat?"
A.: „Das kann man nicht allgemein sagen, es dauert aber meist länger als bei einem natürlichen Tod."

F.: „Auch bei einem gewaltsamen Tod bleibt die Seele heil. Ich weiß aber, dass dieses Erlebnis irgendwie gespeichert wird. Wo manifestiert sich das?"
A.: „Du hast recht, die Seele ist zwar sehr verwirrt, aber trotzdem bleibt sie heil. Der Mord wird in den Verbindungsbändern zum Mörder gespeichert."

F.: „Können Morde aus früheren Leben heute bereinigt werden?" (Diese Frage kann sich bei Rückführungen ergeben.)
A.: „Diese Bänder dürfen beim Ermordeten gereinigt und gelöst werden, kommt aber der „Mörder" zu dir, muss von seiner Seite das Band gereinigt, neu aktiviert und möglicherweise auf

gelöst werden. Er muss aber auch sein Karma aufarbeiten. Hier hat er die Wahl zwischen der Aufarbeitung im Jenseits oder im Diesseits. Im Jenseits bedeutet es, dass er längere Zeit dort bleibt und sich mit dem Gefühl des Ermordeten auseinandersetzen muss. Im Diesseits sucht er sich dann ein Leben aus, wo er es abarbeiten kann. Der freie Wille ermöglicht dieses Auswahlverfahren. Das Wichtigste beim Aufarbeiten des Karmas ist aber das Bereuen und das Verzeihen beider Beteiligten."

F.: „Weiß eine Seele vor der Inkarnation, dass die gewählte Lebensform auf unnatürliche Weise enden wird?"
A.: „Die Seele weiß es teilweise, da die Tendenzen angelegt sind. Diese Situation muss aber nicht zwangsläufig geschehen. Prinzipiell ist jedes neue Leben für eine Verbesserung ausgelegt. Es sind aber auf eurer Welt Hass, Trieb und Habgier sehr stark vertreten."

F.: „Wir Menschen sagen immer „meine Seele". Wem gehört die Seele in Wirklichkeit?"
A.: „Die Seele gehört Gott und die Seele sagt „das ist mein Körper".

F.: „Warum müssen die Seelen aus der Göttlichkeit austreten und auf unserer Erde leben? Erkläre mir bitte den Sinn."
A.: „Das Ganze war eigentlich für das Gute ausgelegt. Gott schenkte den Menschen den freien Willen, denn ohne ihn wärt ihr nur Marionetten. Doch die Menschen haben dieses Geschenk falsch verstanden."

F.: „Gibt es Tiere, die eine negative Schwingung haben?"
A.: „Ja, sie wird durch falsche Tierhaltung erzeugt."

F.: „Es gibt immer mehr Menschen. Woher kommt diese neuen Seelen?“
A.: „Sie lösen sich aus dem Göttlichen.“

F.: „Was soll man tun, wenn die Erwartungshaltung schmerzt?“
A.: „Man soll sich in Gelassenheit üben, geduldig sein und die Seele baumeln lassen.“

F.: „Ich wünsche mir von dir und Harkon, dass ihr eine Einleitung für unser Buch schreibt. Was meint ihr dazu?“
A.: „Ja, das ist eine gute Idee. Ihr müsst euch gedanklich darauf einstellen und wir werden sie diktieren.“

F.: „Leiden Tiere bei einer Sterilisation bzw. einer Kastration?“
A.: „Nein, es ist nur der übliche Wundschmerz. Sie leiden nicht an den Folgen.“

F.: „Ist es in Ordnung, wenn sich Menschen unfruchtbar machen lassen?“
A.: „Ja, ihr habt den freien Willen, euch für oder gegen ein Kind zu entscheiden.“

F.: „Stimmt es, dass unmittelbar nach dem Tod so eine Art Lebensfilm abläuft?“
A.: „Ja, das stimmt. Man bekommt schlagartig alles mitgeteilt.“

F.: „Weiß man gleich nach dem Tod, ob man noch einmal inkarniert?“

A.: „Nein, es dauert eine Weile, bis es die Seele merkt. Der geistige Führer aber weiß es sofort.“

F.: „Gibt es besondere Führer, die beim Tod die Seele in Empfang nehmen und mit ihr sprechen?“
A.: „Ja, sie treten nur in Erscheinung, wenn eine Seele die Ebene wechselt. Der geistige Führer ist aber immer dabei. Es sind auch noch viele andere Verstorbene– meist die Eltern und nahe Angehörige - anwesend, damit man sich willkommen fühlt.“

F.: „Sprechen sich geistige Führer bezüglich der Führung der Menschen untereinander ab?“
A.: „Es herrscht bei uns ein allgemeines Gedankengut. Jeder weiß, was der andere denkt.“

F.: „Warum lässt es Gott zu, dass beim Klonen eine Seele eintritt?
A.: „Gott verurteilt diesen Vorgang, er respektiert jedoch den freien Willen des Menschen. Hier entstehen massive negative Energien.“

F.: „Soll ich mich nach jeder Behandlung energetisch aufladen?“
A.: „Ja, stelle dich gedanklich unter eine weiße Lichtglocke und bestrahle dich. Du wirst selbst spüren, wie lange das nötig ist. Du musst das nicht gleich nach der Behandlung tun, du kannst das auch am Abend machen.“

F.: „Meine Erfahrung bei meiner Arbeit zeigt mir, dass wir mit Engeln und Schutzengeln sehr leicht Kontakt aufnehmen können. Mit geistigen Führern gelingt es nicht immer. Woran liegt das?“

A.: „Der Mensch setzt die Blockade selbst. Der geistige Führer ist immer zum Gespräch bereit. Seine Existenz ist aber nicht allen bekannt und wird nur von wenigen wahrgenommen. Engel und Schutzengel sind den Menschen seit ihrer Kindheit vertraute Wesen und stehen nicht in Diskrepanz zum Glauben.“

Ich erzählte Agilus heute, dass ich sein Geburtstagsgeschenk – die Fülle des Lebens – täglich sehr stark zu spüren bekomme. Es kommt sehr viel Freude und Dankbarkeit meiner Leute auf mich zurück. Ich spüre den Fluss des Lebens, der sich wie ein goldener Faden durch mein Leben zieht. Viele Bereiche, die mir früher sehr wichtig waren, haben heute keine Bedeutung mehr für mich. Es kommt große Freude in mir auf, weil mir die Erfüllung meines Lebenstraumes - zu heilen – erfüllt werden wird.

29.3.2001

Durch meine Arbeit entstehen Verbindungen, die mich auch im privaten Leben begleiten. So ist es auch mit Frau C. Bei einem Kirchenbesuch ergab sich ein Gespräch, in dem sie meinte, dass sie ihren geistigen Führer nur sehen und hören könnte. Wenn *sie* ihn auch noch *spüren* könnte, wäre ihre Akzeptanz vollständig. Daraufhin meinte ich, wenn *ich* ihn einmal *sehen* könnte, wäre mein Glück vollkommen. Über dieses Gespräch mussten wir beide sehr lachen, weil wir erkannten, dass sich jeder genau das wünscht, was er nicht hat, aber der andere.

F.: „Wo ist der Sitz der Tugenden, wie z. B. der Fleiß, die Geduld, die Ausdauer usw.?
A.: „Sie sitzen im emotionalen Herzen. Wenn sie fehlen oder nur eingeschränkt vorhanden sind, sucht man eine passende Affirmation und klopft diese über den Dünndarmpunkt ein. Eine andere Möglichkeit ist, sie mit Hilfe einer bestimmten Augenstellung und des Pendels einzugeben."

F.: „Kann man sein biologisches Alter selbst beeinflussen?"
A.: „Ja, es ist die innere Denkweise, die sich optisch auswirkt. Bei positiver Denkweise altert man nicht so schnell."

F.: „Wie viele Stunden Schlaf sind sinnvoll?"
A.: „Das kann man so pauschal nicht beantworten. Es hängt u. a. vom Alter, von der Arbeitsbelastung, von der Ernährung und den Jahreszeiten ab. Erwachsene sollten nicht weniger als fünfeinhalb Stunden und nicht mehr als acht Stunden schlafen."

F.: „Hängt es mit dem Geschlechtswechsel bei den einzelnen Inkarnationen zusammen, wenn jemand sein aktuelles Geschlecht (männlich oder weiblich) nicht akzeptieren kann?"
A.: „Ja, das ist eine von verschiedenen Ursachen. Es ist aber möglich, diese Problematik mit den dir bekannten Methoden zu behandeln."

F.: „Was hältst du von einer operativen Geschlechtsumwandlung?"
A.: „Das geht in Ordnung."

F.: „Hat 'Gut' auch eine Polarität?"
A.. „Ja, das Böse. Das ist sogar wichtig, weil man nur so die Möglichkeit hat, sich für das Gute zu entscheiden. Man kann durch den freien Willen das Schlechte ausschließen."

F.: „Du bist ein sehr umgänglicher Führer. Sind alle so?"
A.: „Die geistigen Führer sind alle gleich umgänglich. Viele Menschen schließen aber die Führer aus, weil die Achtung fehlt oder aus welchen Gründen auch immer."

F.: „Wie läuft eine geistige Operation ab, z. B. bei den philippinischen Geistheilern?"
A.: „Der Operateur löst seine physischen Grenzen auf und begibt sich auf eine andere Energieebene. Grundvoraussetzung ist ein grenzenloses Vertrauen des zu Behandelten."

F.: „Ich erbitte für meine Leute häufig Engel, die bestimmte Gefühle (z. B. Geborgenheit oder Liebe) vermitteln. Kann ich während der Behandlung diese Engel auch für mich beanspruchen?"
A.: „Ja, die Engel gehören niemand. Sie sind jederzeit für alle da."

6.4.2001

F.: „Hast du dir die Einleitung für unser Buch überlegt?"
A.: „Nein, ich brauche mir nichts zu überlegen. Normalerweise hätte ich den ganzen Text in einer Sekunde
vermittelt. Nur wegen der „menschlichen Schwerfälligkeit"

musste ich die Energie meiner Gedanken in für alle verständliche Sätze und Worte umwandeln."

F.: „Welchen Inhalt hat mein nächstes Buch?"
A.: „Es geht um deine Heilungen und um weitere Informationen der geistigen Welt."

F.: „Beim Meditieren versuche ich immer, mein Gehirn von ablenkenden Gedanken frei zu halten. Kannst du mir einen Tipp für noch besseres Gelingen geben?"
A.: „Befreie dich über die Atmung, indem du meine Energie holst. Lasse in deiner Vorstellung alle Gedanken der physischen Welt los und bediene dich dabei einer dir angenehmen Möglichkeit, z. B. freischwimmen."

F.: „Du hast uns erzählt, dass nach dem Tod eines Menschen dieser noch einen zusätzlichen Führer zur Seite gestellt bekommt. Warum genügt der geistige Führer nicht?"
A.: „Es ist ein Geschenk der geistigen Welt, das jeder erhält."

F.: „Wenn ein geistiger Führer zu Lebzeiten etwas Besonderes war, sucht er sich dann eine besondere Seele zum Führen?"
A.: „Es ergibt sich einfach so, das hat mit seinem Vorleben nichts zu tun."

F.: „Wenn man ein Gebet an zwei Personen gleichzeitig richtet, teilt sich dann die Energie?"
A.: „Nein, das Gebet verliert hierbei nicht an Stärke."

F.: „Sind Chakren Räder?"
A.: „Eigentlich sind es Trichter, sogenannte Durchlaufgefäße.

F.: „Kann man auch im Jenseits, also in der geistigen Welt und ohne physischen Körper, inkarnieren?"
A.: „Ja, es gibt verschiedene Sphären, in denen man auch außerhalb der Erde inkarnieren kann. Das Ziel dieser Inkarnation ist das Gleiche wie auf der Erde. Man entwickelt sich weiter. Diese „Leben" sind aber zeitlich kürzer."

F.: „Warum empfinden dich viele stärker und raumfüllender als andere geistige Führer?"
A.: „Eigentlich sind alle geistigen Führer gleich stark. Zwischen dir und mir findet eine Wechselbeziehung statt. Immer dann, wenn der Mensch zu seiner Führung Kontakt aufnimmt, fließt Energie. Je stärker die Verbindung, um so stärker ist die Energie. Da deine Bindung an mich so eng ist, läuft zwischen uns beiden eine sehr starke Energie. Wir profitieren beide davon, d.h. wir brauchen uns gegenseitig. Je mehr positive Energie läuft, um so besser ist es.
Die Menschen, die mit mir Kontakt aufnehmen, spüren diese starke Energie und glauben, dass ich stärker bin als die anderen."

F.: „Kann man bei durchtrennten Rückenmarksnerven den Bewegungsapparat reaktivieren?"
A.: „Nein, hier ist zu viel Körperlichkeit zerstört."

F.: „Bleiben Tiere beim Inkarnieren in der gleichen Gattung?"
A.: „Ja, sie können und müssen nicht wechseln."

F.: „Besteht ein Unterschied zwischen einer Kinderseele und einer Erwachsenenseele?"
A.: „Nein, es gibt keine Unterschiede."

F.: „Gibt es geistige Führer, die noch keine Seele zugeteilt bekommen haben?"
A.: „Ja, das gibt es. Jeder Führer erhält aber früher oder später eine Seele."

F.: „Jesus Christus hat nur über das Handauflegen geheilt. Ist das die vollendete Form der Heilung oder nur eine andere Möglichkeit?"
A.: „Es ist die vollendete Form der Heilung"

F.: „Hast du mir gesagt, dass ich das auch irgendwann lernen werde?"
A.: „Ja, das habe ich. Es wird aber nur bei Menschen möglich sein, die dir vollstes Vertrauen entgegenbringen. Die anderen brauchen deinen bis jetzt üblichen Weg.

10.4.2001

Heute ist Frau Wiesers Geburtstag. Zu einer gemütlichen Tasse Kaffee luden wir auch Harkon ein. Er schenkte ihr vollkommene Gesundheit an Leib und Seele, die zunehmende Erkenntnis für die Unterscheidung von Wesentlichem und Unwesentlichem, die Festigung der Persönlichkeit und Energie für die Zukunft.

13.4.2001

F.: „Muss unser Arbeitsraum nach einer Behandlung energetisch gereinigt werden?"

A.: „Nein, das ist nicht nötig. Die Energie des Raumes ist so gut, dass sich keine negativen Einflüsse halten können."

F.: „Ich glaube, dass ich das Heilen nur für andere einsetzen kann, nicht aber für mich selbst."
A.: „Nein, das ist nicht richtig. Du kannst es auch bei dir selbst anwenden. Es ist zur Zeit aber noch blockiert."

F.: „Mein Verbindungsband zu dir ist in meinem emotionellen Herzen eingehängt. Wo hängt es bei dir?"
A.: „Bei mir hängt es in der Seele."

F.: „Besteht auch zu Gott ein Verbindungsband?"
A.: „Ja, es ist in der Göttlichkeit eingehängt. Auch dieses Band ist von vielen Menschen gelöst worden. Es kann aber jederzeit wieder eingehängt werden."

F.: „Bleibt die Energie, die ich beim Meditieren von dir erhalte, bei mir oder wird sie weitergeleitet?"
A.: „Die Energie geht an die Allgemeinheit."

F.: „Ich „sehe" tagsüber manchmal mir fremde Situationen und Personen wie in einem Film. Obwohl ich alle Einzelheiten genau erkenne und beschreiben kann, weiß ich, dass es nur Gedanken sind."
A.: „Es handelt sich hier um eine Situation, die zeitgleich mit deinem Leben vor sich geht. Es ist eine Art Hellsichtigkeit bzw. Übersensibilität. Du kannst andere Wirklichkeiten wahrnehmen, wobei es sich „nur" um eine gedankliche Wahrnehmung handelt. Es handelt sich um eine starke Empfindsamkeit, die dir zeigt, dass du in deiner Entwicklung schon sehr weit bist.

Für dich persönlich aber ist diese Art der Hellsichtigkeit bedeutungslos."

F.: „Kann ich die Schwingung von Tante Bollinger, die ich in der Hand spüre, für mich verwerten?"
A.: „Es ist nur ein Zeichen ihrer Anwesenheit für dich. Zwischen euch findet ein energetischer Austausch statt. Es gibt Seelen, die das besser beherrschen als andere. Es gibt aber auch andere Wege der Mitteilung, z. B. über den Traum, die Äußerung von Mitmenschen über eine bestimmte Person oder über ein Foto."

F.: „Kann ich Tante Bollinger auch dann noch spüren, wenn sie erneut inkarniert?"
A.: „Nein, das geht dann nicht mehr. Du würdest sie aber als Person treffen, z. B. als Kind einer Bekannten oder eines Verwandten."

F.: „Denkt ein Kind, das altersbedingt noch nicht sprechen kann, in seiner Muttersprache?"
A.: „Nein, es lebt in einem neutralen Zustand ohne Sprache."

F.: „Warum ist die Geburt in vielen Fällen mit einem psychischen Schock verbunden?"
A.: „Es hat etwas mit der Erbsünde zu tun."

F.: „Was ist die Erbsünde?"
A.: „Die Erbsünde ist das Fehlen der Liebe. Die Erbsünde wurde von den ersten Menschen geschaffen, die Inkarnationen dienen dazu, sich von ihr zu befreien."

F.: „Meine Seele hat sich später aus der Einheit gelöst als deine. Ist das Zufall?“
A.: „Ja, es hat sich so ergeben.“

F.: „Täglich trennen sich Seelen aus der Göttlichkeit um zu inkarnieren, andererseits treten täglich geläuterte Seelen in die Göttlichkeit ein. Handelt es sich beim Austritt und beim Eintritt um die gleiche Energie?“
A.: „Nein, es handelt sich um zwei verschiedene Energien. Bei der Erschaffung neuer Seelen handelt es sich um eine niedrigere Energie.“

F.: „Dauert es noch lange, bis ich mit dem Handauflegen allein heilen kann?“
A.: „Nein, eigentlich könntest du es jetzt schon. Es wird sich aber ergeben.“

F.: „Du siehst uns bzw. unsere Seele in der Summe aller bisherigen Inkarnationen. Ist das so richtig?“
A.: „Ja, ich sehe nicht nur ein Leben, sondern alle Leben zeitgleich ablaufen.“

F.: „Erhalte ich auch von anderen Geistwesen Informationen?“
A.: „Auch die geistigen Führer deiner Bekannten und Verwandten beeinflussen dich. Das ist bei allen Menschen so.“

F.: „Kann man dich auch optisch wahrnehmen?“
A.: „Nein, das geht nicht. Eigentlich bin ich für euch unsichtbar. Wenn mich jemand „sieht“, so ist das seine persönliche Aus-

legung. Ihr könnt mich aber hören und spüren."

F.: „Ich erhielt vor kurzem einen Anruf einer sehr verzweifelten Frau, die psychisch am Ende schien. Wie soll ich mit ihr arbeiten?
A.: „Du musst ihr „Schienen" legen, auf denen sie sich bewegen kann und die sie in eine hellere Zukunft führen. Derzeit befindet sie sich noch im Tunnel. Außerdem musst du viel mit Licht und mit ihrem emotionellen Herzen arbeiten."

F.: „Ich spüre seit kurzem beim Meditieren auch in der rechten Hand eine leichte Energie. Was hat das zu bedeuten?"
A.: „Es ist dein Vater, der sich hier bemerkbar macht."

Anschließend sprachen wir direkt mit meinem Vater. Ich sprach ihn wegen der Auskunft von Agilus an und bat ihn, ob er sich nicht etwas deutlicher bemerkbar machen könnte. Seine Antwort lautete: „Es gibt Seelen, die sich in der grobstofflichen Welt leichter bemerkbar machen können und andere, die das erst lernen müssen. Es braucht auch „drüben" sehr viel Energiearbeit, es dauert Jahre bis man das beherrscht. Ich bin froh, dass es trotzdem so gut funktioniert."
Ich fragte ihn, ob er von mir noch etwas bräuchte. „Nein, deine Gebete und deine lieben Gedanken tun mir gut. Ansonsten bin ich sehr zufrieden. Ich bin über die Verbindung mit dir sehr froh, es ist ein Geschenk für mich. Es spielt keine Rolle, dass wir uns auf diese Weise erst dreißig Jahre nach meinem Tod näher kamen. Zeit ist unwichtig!"

20.4.2001

In der vergangenen Nacht wachte ich auf, weil ich eine äußerst liebevolle Energie durch den Körper fließen spürte. Meine linke Gesichtshälfte erwärmte sich stark. Ich wusste, dass es sich hierbei um die Anwesenheit einer Seele handelte. Agilus sagte mir am nächsten Tag, dass es sich um eine weitläufig Bekannte handelte, die eine Woche vorher verstorben war. Sie wandte sich an mich mit der Bitte um Hilfe. Über Frau Wieser stellte ich den Kontakt zu ihr her. Wir erfuhren, dass es ihr zwar sehr gut ginge, dass sie aber noch ein Problem mit ihren (minderjährigen) Kindern hätte. Wegen deren starker Trauer sei sie noch an die Erde gebunden und könnte sich nicht lösen. Obwohl sie den Kummer der Kinder und des Mannes sieht, beeinflusst das ihre Zufriedenheit nicht. Sie weiß, dass diese Situation nur eine kleine Episode in der Ewigkeit des Universums ist.
Ich bereinigte diese Situation mental und ihr Schutzengel begleitete sie daraufhin auf die nächste Ebene.

F.: „Können Frau Wieser und ich in der Vermittlung deiner Worte noch etwas verbessern?“
A.: „Nein, es ist alles in Ordnung.“

F.: „Welche Voraussetzungen braucht ein Mensch, um geistig heilen zu können?“
A.: „Das Wichtigste ist der absolute Glaube an die geistige Welt, die Konzentration und die totale selbstlose Liebe. Die

Energie, die du von der geistigen Welt erhältst, muss durch deinen Körper fließen, ohne dich zu belasten oder zu beeinflussen. Es gibt Menschen, die hier mit ihren eigenen Energien arbeiten; das führt zur Erkrankung. Der zu Heilende muss den Glauben an dich und an die geistige Welt mitbringen. Er braucht Vertrauen und Hingabe und muss bei der Heilung aktiv dabei sein."

F.: „Kommt diese Gabe von dir oder von Gott?"
A.: „Du hast sie von Gott erhalten, wobei du dir den Weg dahin selbst erarbeitet hast."

F.: „Bei einer Behandlung lokalisierte ich eine Angst im Bereich des Magens. Ich leitete göttliche Energie in den Magen und schob mit ihr die Angst aus dem Magen heraus. War das so in Ordnung?"
A.: „Ja, es war vollkommen richtig. Die Angst wurde über das Wurzelchakra ausgeleitet."

F.: „Bei einer anderen Behandlung wollte ich die Haralinie ins Wurzelchakra einhängen. Dabei entstand ein hemmendes Gefühl bei der zu Behandelnden. Ich konnte das Band nicht mit dem Chakra verbinden. Was hatte das zu bedeuten?"
A.: „Es sollte dir zeigen, dass vorher noch eine Blockade im emotionellen Herzen zu lösen ist. Du erkanntest das richtig und konntest nach der Blockadelösung das Band einhängen."

F.: „Mir fällt auf, dass ich seit längerer Zeit bei meinen Behandlungen keine Ängste mehr verspüre."
A.: „Du hast vollkommenes Vertrauen in die geistige Welt. Dadurch hast du deine Ängste abgelegt."

F.: „Es gibt Menschen, die nicht verwesen. Warum ist das so?“
A.: „Sie sollen bildhaft bei euch bleiben als sichtbares Zeichen für ihr heiliges Leben.“

F.: „Was kann man gegen unberechtigte Schuldgefühle, die von außen herangebracht werden, tun?“
A.: „Man sollte sich in dem Moment immer selbst fragen: Bin **ich** schuld? Bei dieser Reaktion haben die Schuldgefühle keine so große Angriffsfläche.“

F.: „Sollen wir in Zukunft bei unseren wöchentlichen Treffen jeweils eine erdgebundene Seele ablösen?“
A.: Ja, das wäre der Wunsch des Universums.“

F.: „Kam diese Idee von dir oder von mir?“
A.: „Sie kam von mir. Ich freue mich, dass du mich gleich verstanden hast. Es ist wichtig, in dieser Richtung zu arbeiten.“

Ich bat Agilus, uns eine Seele zu senden. Frau Wieser spürte eine Unmenge von Seelen, die auf sie zu kamen. Plötzlich blieben alle schlagartig stehen und nur eine Seele kam noch näher. Agilus meinte, dass es die Seele wäre, die es am meisten verdient hätte, abgelöst zu werden. Die Gruppe hätte sich dafür entschieden.
Wir fragten sie nach ihrem Wunsch. Sie wollte mit Hilfe eines göttlichen Lichtstrahls abgelöst werden. Außerdem erzählte sie uns, dass sie als Kind verstorben sei und bat uns, den Eltern einen „Engel des Trostes“ zu senden. Wegen der starken Trauer der Eltern sei sie noch an die Erde gebunden gewesen.

Wir forderten einen Lichtstrahl an. Das Kind verband sich damit und konnte somit eine andere Ebene betreten. Den Eltern sandten wir noch den „Engel des Trostes“.
Agilus erzählte uns, dass durch diese Ablösungen eine bessere Schwingung bei den Menschen entstünde.

F.: „Sollen wir auch eine Gruppenablösung machen?“
A.: „Es wird sich ergeben.“

Agilus sagte heute zum Abschluss unseres Gespräches:

„Ich wünsche euch eine gute Nacht.“

Das war das erste Mal, dass Agilus so privat mit uns redete. Über solche Begebenheiten freue ich mich immer ganz besonders.

2.5.2001

Frau Wieser stand vor einer großen Untersuchung des Blutes, der Lunge und der Leber. Schon seit einigen Tagen verspürte sie im Bereich des Oberkörpers Schmerzen, die sie mit der Lunge in Zusammenhang brachte.

Wir holten uns die Lunge und fragten sie, ob sie Probleme hätte. Sie verneinte, wäre aber durch die Operationsnarben etwas in Mitleidenschaft gezogen. Ich stellte in diesem Bereich Verhärtungen fest, die ich durch Handauflegen und mit Hilfe eines

Engels löste. Im Rücken stellte ich ebenfalls Verspannungen fest, die ich an einen zentralen Punkt leitete und mit der Hand herauszog.

Nun sprachen wir noch mit dem Blut und mit der Leber und stellten fest, dass beide in Ordnung waren.

3.5.2001

Frau Wieser hatte heute ihre Untersuchung hinter sich gebracht und bestätigte mir, dass alles bestens gewesen wäre. Bei der Leber meinte der Arzt, dass ihre Werte so gut waren, wie sie nach einer Chemo eigentlich gar nicht sein können. Wir wussten den wahren Grund!

Seit ein paar Wochen ist eine Bekannte - Frau V.- bei vielen Behandlungen dabei. Ihre Hellsichtigkeit und Hellhörigkeit haben sich aufgrund meiner Behandlungen sehr stark entwickelt und sie hat sich entschieden, den Weg des Heilens zu gehen. Für mich ist sie eine große Hilfe, da wir unabhängig voneinander die Probleme meiner Leute feststellen und dann unsere Ergebnisse gegenüberstellen. Wir wählen zwar manchmal verschiedene Lösungswege, doch die Resultate stimmen immer überein. Das gibt uns beiden zusätzliche Sicherheit.

Ich erinnere mich dabei an eine Zeit, in der ich anfing, zusammen mit einer Bekannten den geistigen Weg zu gehen

Agilus erzählte mir, dass wir damals beide die gleiche Stufe in unserer Entwicklung erreicht hätten. Hellhörigkeit und Hellsichtigkeit zeigen aber nicht den Stand der Entwicklung an, sondern sie sind nur eine Begabung. Die geistige Welt wollte, dass wir beide den Weg der Läuterung gehen.

Auf meine Frage, was „der Weg der Läuterung" bedeutet, erhielt ich folgende Auskunft:
„Es gibt drei Stufen, die man durchlaufen muss, um mit der geistigen Führung arbeiten zu können:
1.Stufe: Der feinstoffliche Körper wird geläutert. Man muss mit sich im Reinen sein. Ein gesunder Geist wohnt in einem gesunden Körper. Alle Energiezentren müssen ausgeglichen sein. Dieser Zustand muss von Dauer sein. (Es war bei mir die Zeit kurz vor Frau Wiesers Krankheit.)
2. Stufe: Das ist die Zeit, in der der Mensch seiner geistigen Führung bedingungslos vertraut. Der Führer lebt Weisheit vor und zeigt dem Menschen den Lebensweg. (Die ersten neun Monate der gemeinsamen Arbeit mit Frau Wieser.)
3. Stufe: Das ist die Bereitschaft, die Erleuchtung zu empfangen: Man muss jetzt in der Lage sein, auf den unsichtbaren Ebenen der geistigen Welt arbeiten zu können. Der geistige Führer hebt den Menschen auf eine höhere Stufe. Man erhält das göttliche Licht seiner wahren Heimat. Das Emporheben ist ein Schritt, der nie abgeschlossen sein wird, da sich der Mensch immer weiter entwickelt. (Die restliche Zeit der gemeinsamen Arbeit mit Frau Wieser bzw. die Zukunft.)

Diesen von mir gewählten Weg könnte auch meine Bekannte noch einschlagen.

In meinem Leben ereignen sich viele wunderschöne Begebenheiten. Eine davon steht in direktem Zusammenhang mit dem vorliegenden Buch.

Bei der Suche nach einem geeigneten Künstler für unser Titelbild ergab sich folgende Situation: Seit einiger Zeit war ein Kind bei meinem Mann in Behandlung. Seine Mutter erzählte von ihrer Tätigkeit als Malerin. Ich sprach sie deshalb wegen meines Buches an. Nach fünf Minuten war alles geklärt. Wir merkten beide, dass ein langes Gespräch nicht nötig ist. Es kam uns vor, als wäre alles schon – ohne uns - geklärt worden. Wir vereinbarten einen Termin, um ihre bestehenden Blockaden bezüglich des Malens aufzulösen.

Die erste Verbindung zur geistigen Welt war der Kontakt zum Schutzengel. Er stellte sich unter dem Namen Ramis – „der Gerechte" - vor. Frau B. spürte ihn am ganzen Körper. Als Nächstes überprüfte ich die Haralinie und bemerkte eine Unterbrechung im Bauchbereich. Ich legte die Hand auf und sie verband sich. Zugleich erstrahlte sie in den Farben gelb und orange. Dieses Verbinden der Haralinie bereitete so starke Schmerzen, dass Frau B. die Tränen kamen. Agilus meinte, dass sie nur durch diesen starken Schmerz den Glauben an die Tätigkeit erlangt. Gleichzeitig füllte sich der gesamte Bauchbereich mit Wärme. Frau B. spürte während der ganzen Zeit mehrere Hände auf ihrem Körper. (Es waren ihre eigenen Heilengel.) Anschließend verband ich mich mit göttlicher Energie und zog sie von der Erde nach oben. Zwei Blockaden im Bauch- und Brustbereich lösten sich über das Handauflegen auf. Im Bereich des Herzchakras befand sich ein „großer, grauer Stein", der ganz schwer auf Frau B. lastete. Ihre Heilengel entfernten ihn und sie erkannte in dieser Last ihre eigene Vergangenheit. Plötzlich tauchten vor ihrem geistigen Auge Bilder auf. Sie befand sich in Italien (Rom und Florenz) und malte Fresken in großen Kirchen. Sie erkannte, dass sie früher ein großer Künstler war. Sie spürte, wie sie darunter leidet, derzeit nicht malen zu können. Es wurde ihr bewusst, dass sie neben der Familie noch eine weitere Lebensaufgabe hat: Das Malen! Zur gleichen Zeit lösten die Heilengel zusätzliche Blockaden im Bauch auf. Frau B. fühlte, dass sie ein Medium der geistigen Welt ist (zum Malen). Ihre Hände begannen zu zittern und sie spürte starke Energiewellen durch den Körper laufen. Im Bauchbereich bekam sie krampfartige Schmerzen, die ich mit Hilfe der geistigen Welt abzog. Die Bauchdecke wölbte sich beim Abzug stark nach außen. Es war gigantisch! Die göttliche Energie war nun in der Lage, die Haralinie ungehindert auf- und abzufließen und sich auf die Chakren zu verteilen. Frau B. verspürte im gesamten Körper ein enormes Glücksgefühl. Ihr wurde bewusst, dass das Ventil ihrer Psyche im Bauchbereich sitzt.

Agilus meinte schon vor der Behandlung, dass ich nach der energetischen Versorgung einen „Tanz der Farben" veranstalten soll. Als ich ihr das ankündigte, begannen die Farben ganz von allein zu tanzen. Gleichzeitig schaltete sich Agilus ein und erzählte Frau B, dass sie schon lange von der geistigen Welt ausersehen war, ein Bild für **sein Buch** zu malen. Vor ihrem geistigen Auge entstand ein abstraktes Bild in den Farben zitronengelb, blau und grün. Agilus bestätigte nochmals, dass sie ein Medium ist und „es wird für sie gemalt". Sie konnte es einfach nicht glauben und so meinte Agilus, ob sie das wohl schriftlich haben möchte.

Frau B. sah sich erneut in verschieden italienischen Kirchen. Sie spürte auch ihre Verzweiflung von damals (Je höher das Können, umso größer die Zweifel). Ich bat die geistige Welt, die ganze Begabung von früher an Frau B. zurückzugeben. In dieser Begabung liegt auch die Seele für unser Bild. Sie erkannte im Raum eine Energie, die sich in Form eines alten Mannes zeigte. Agilus erklärte mir, dass es ihr umfassendes Können von Früher ist, das gerade zurückkehrt. Ihr Körper füllte sich mit dieser Energie. Frau B. erhielt noch die Information, dass sie durch ihre Malerei etwas bewegen muss, genauso wie sich über unser Buch etwas verändern wird. Bilder sprechen das Unterbewusstsein des Menschen an. Ihr wurde nochmals klar, dass nicht sie malt, sondern die geistige Welt. Aufgrund dieser Tatsache kann sie realistisch bleiben. Agilus trug ihr auch noch auf, dass die Einnahmen aus diesem Buch zum größten Teil einem guten Zweck zugeführt werden sollten. Die geistige Welt bescheinigte uns nochmals die große Aufgabe mit diesem Buch und das große Vertrauen zu uns. Es wäre aber unwichtig, ob die Menschen große oder kleine Aufgaben zu erfüllen haben. Die Hilfe „von oben" ist bei großen Aufgaben stärker.

Wir erhielten noch die Information, Freskenmalen ist Mathematik, gepaart mit Gefühlen.

Agilus bedeutete mir erst kürzlich, dass ich in jeder Behandlung eine Blume sehen soll, die er mir schenkt. Ich sagte ihm, dass unsere Behandlung keine einzelne Blume, sondern ein ganzer Blumenstrauß war. Diese Bemerkung löste in der geistigen Welt eine fröhliche Stimmung aus.

Zwei Tage später rief mich Frau B. an und erzählte mir, dass sie sich seit unserer Behandlung „vollständig“ fühlt. Bisher hatte sie immer das Gefühl, ihre Psyche wäre zweigeteilt.

Nach einer Woche teilte sie mir mit, dass das Bild fertig ist. Ich fuhr zu ihr und stand vor zwei Bildern. Das erste war in ganz dezenten Farben gemalt und stellt einen Trichter dar. Es hat eine starke Bewandtnis mit mir. Sie hat es mit geschlossenen Augen gemalt, ihre Hand wurde von Agilus geführt. Der Trichter stellt mein Scheitelchakra dar. Er symbolisiert das Einfließen von Informationen der geistigen Welt. Agilus war der alleinige Urheber, sowohl von der Thematik als auch von der Ausführung her. Der geistige Führer von Frau B. gab ihr die Geduld, die Ausdauer und die Beherrschung, sich selbst nicht einzubringen. Das Werk ist ein Geschenk von Agilus an mich für meinen Aufwand für das Buch.
Das zweite Bild ist in kräftigeren Farben gehalten und stellt eine Spirale dar. Je länger man es betrachtet, umso intensiver wirken die Farben. Ich war begeistert und konnte mich kaum lösen. Für dieses Bild wurde Frau B. von der geistigen Welt inspiriert, sie brachte sich aber auch selbst ein. Die Spirale stellt den Weg von Frau Wieser und mir dar, soll aber auch den Weg **aller** Menschen darstellen. Sie zeigt den ständigen Weg nach oben. Agilus übermittelte mir dazu noch folgenden Satz: „Über die Spirale der Unendlichkeit betrittst du das Reich der immer wiederkehrenden Glückseligkeit.“ Er gab uns genaue Anweisungen für die Gestaltung des Buchumschlags.
Frau B. erzählte mir noch, dass sie Agilus so lange bedrängt hätte, bis sie endlich mit dem Malen begann. Dieser Druck ist jetzt weg. Mir wurde wieder einmal bewusst, welche konkreten

Vorstellungen in der geistigen Welt existieren und dass es keine Zufälle, sondern nur Fügungen gibt.

Für den Buchumschlag wurde das Bild von einer Grafikerin druckgerecht überarbeitet. Es gelang ihr hervorragend, die Vorgaben der geistigen Welt mit den Möglichkeiten des Computers zu verbinden. Wir bedanken uns für diese effektive Zusammenarbeit.

4.5.2001

F.: „Ist es wichtig, dass sich verstorbene Seelen in der grobstofflichen Welt bemerkbar machen können?"
A.: „Nein, es ist unwichtig. Es ist nur für dich ein schönes Erlebnis."

F.: „Dürfen wir nochmals mit Gott sprechen?"
A.: „Ihr dürft jederzeit und so oft ihr wollt mit Gott sprechen."

F.: „Letzte Woche arbeitete ich mit einem sechsjährigen Kind, das erhebliche Sprachschwierigkeiten hatte und kaum artikulieren konnte. Wie soll ich bei ihm weiterarbeiten?"
A.: „ Sprich ihm jeden Buchstaben vor und lasse ihn nachsprechen. Sende anschließend jeden einzelnen Buchstaben mit einem Lichtstrahl in seinen Wesensstern."

F.: „Ich erfreue mich zur Zeit täglich am Erwachen der Natur. Ich weiß, dass es für dich bedeutungslos ist, ich finde das schade."

A.: „Auf der Erde ist immer irgendwo Frühling, Sommer, Herbst und Winter. Dabei werden Schwingungen erzeugt. Wenn bei euch Frühling einkehrt, ist woanders Herbst. Dadurch gleichen sich die Schwingungen aus und somit erscheinen die Jahreszeiten für uns immer gleich."

F.: „Was können die Menschen für den Weltfrieden tun?"
A.: „Verbindet euch gedanklich mit gleichschwingenden Seelen, bildet eine Kette um den Planeten und erzeugt gemeinsam positive Energie. Diese Energie soll dem Weltfrieden zur Verfügung gestellt werden. Konflikte in der Welt können niemals über Kriege gelöst werden!"

Seit ich von der Existenz von Agilus weiß, ist es mein Ziel, mit ihm zu sprechen und seine Antworten zu verstehen. Heute Abend bat ich Frau Wieser, mich dabei zu unterstützen. Ich befreite meinen Kopf von allen Gedanken und öffnete mein Scheitel- und mein Herzchakra. Ich stellte ihm ein paar persönliche Fragen und erhielt die gleichen Antworten wie Frau Wieser.
Das bestätigte, dass die Antworten von Agilus kamen und nicht meine Wünsche Vater des Gedankens waren. Das ist der schönste Abschluss dieser langen Zeit, in der unser Buch entstanden ist. Ich weiß, dass ich noch viel üben muss, um meine Wunschgedanken und die Worte von Agilus zu unterscheiden.
Ich habe wieder ein Stück geschafft und ich fühle mich sehr glücklich dabei. Agilus verabschiedete sich mit den Worten:

„Ich umschließe euch!"

Agilus meinte, das wäre mehr als eine Umarmung.

Danke, Agilus!

20.6.2001

Wir verbrachten unsere Pfingstferien in Südfrankreich. Mein erster Weg führte mich natürlich wieder in „meine“ Kirche von St. Aygulf. Schon beim Eintreten spürte ich dieses „Nachhause kommen“. Nur waren diesmal weder Sehnsucht noch Traurigkeit dabei. Ich empfand eine vollkommene Verbundenheit mit Agilus und mit Gott. Agilus sagte mir schon vor der Reise, dass sich auf meine Bitte hin seine Familie ebenfalls wieder dort einfinden wird. Ich verspürte sie, als ich meine Handflächen etwa dreißig Zentimeter von einander entfernt hielt. Dabei fühlte ich ein starkes Kreisen und wellenförmige Energie in beiden Händen. Dann verband ich mich mit Agilus und Gott auf die gleiche Weise und empfing von ihnen Energie.

Agilus hatte mir zuhause aufgetragen, das Meer von den Rückständen der Zivilisation zu reinigen. Ich machte das täglich und bat um geistige Helfer, die ich an den Küsten des Mittelmeeres platzierte.

Beim Besuch von mittelalterlichen Orten spürte ich Agilus immer sehr stark an meiner linken Hand. Spielten hier Erinnerungen von früher eine Rolle?

Es waren unzählige kleine Begebenheiten, die sich über die zwei Wochen erstreckten. Ich bewegte mich in einem wahren Hochgefühl, weil ich auf Schritt und Tritt die Nähe von Agilus spürte. Ich genoss dieses wunderbare Land und seine Blütenpracht und ich musste sehr oft an das Lied „La Provence, du blühendes Land“ denken.

Am letzten Urlaubstag verbrachte ich drei Stunden in der Kirche. Ich war überhaupt nicht traurig, denn ich wusste, dass ich alles Schöne, das ich hier erlebt habe, mit nach Hause nehmen kann und dass wir nächstes Jahr wieder kommen werden. Agilus sagte mir vor dem Urlaub schon, dass ich in St. Aygulf eine wunderschöne Zeit verleben werde, dass ich einen Schritt weiter in meiner Entwicklung machen werde und dass Gefühle wichtiger sind als Worte. Die Sprache ist nur das Kommunikationsmittel der Menschen untereinander, die Ebene der Gefühle ist viel stärker. Wie recht er doch hat!

Mit dieser Gewissheit fuhr ich am nächsten Tag nach Hause und freute mich auf meine Arbeit und auf meine wöchentlichen Treffen mit Frau Wieser.

Dieses Buch war lange Zeit mein ständiger Begleiter. Täglich verbrachte ich viele Stunden beim Schreiben, es wurde mir zu einer liebgewonnenen Tätigkeit. Sicher werde ich es etwas vermissen, wobei ich meine täglichen Aufzeichnungen weiterführe, da es sehr wahrscheinlich ein zweites Buch geben wird. Ich schrieb mir viel von der Seele und erkannte dabei, welche Bereiche sich das letzte Jahr für mich öffneten. Meine Verbindung zu Agilus ist tiefer denn je, er ist für mich das Licht, das am Ende jeder Wegstrecke leuchtet.

Ein Jahr später

Es ist wieder so weit. Unser Urlaub in Südfrankreich steht vor der Tür. Drei Wochen des Glücks liegen vor mir, eine wunderschönes Jahr liegt hinter mir. Die Zeit verging wie im Fluge, die Ereignisse überschlugen sich und Agilus führte mich von einem Höhepunkt zum anderen.

Ich kann es kaum fassen, wir sind wieder in „meiner Heimat". Meine erster Weg führte mich in die Kirche von St. Aygulf. Das Nachhausekommen glich einem Vulkan – gewaltig und beeindruckend - ein Ausbruch der Freude - schwer in Worte zu fassen - die Schwingungen der Liebe überwältigen mich - es tut schon fast weh!

Neben der Familie von Agilus waren noch zwei weitere geistige Führer, die mich letztes Jahr begeleiteten, anwesend.

Ich erhielt in der Kirche wundervolle Texte übermittelt und führte mit Agilus stundenlange Gespräche. Agilus erklärte mir nochmals die Bedeutung dieses Ortes:
„Er birgt für dich den Schlüssel der Mystik. Du hältst ihn schon in Händen. Nimm ihn mit nach Hause und öffne damit jene Türen, die deiner Seele noch versperrt sind. Richte dein geistiges Auge zu Jesus Christus, öffne mit deinem Schlüssel die Tür zu deinem Herzen und errichte einen Altar für seine Herrlichkeit. Entzünde die Kerzen der Liebe und trage ihr Licht in seinem Namen und mit meiner Hilfe in das göttliche Zentrum.
Es herrscht in mir eine große Freude, denn die Mission meiner Seele kann erfüllt werden. Wir gehen unseren Weg Hand in

Hand, geführt von Gottes Güte. Nimm meine Hilfe als Zeichen meiner Liebe und schenke mir dein Vertrauen als Zeichen deiner Liebe. Verschmelze deine Sehnsüchte in meinen innersten Kern, um den Schmerz deiner Seele mit meinem Licht zu erhellen!"

Mit der Hilfe von Agilus erspürte ich den Ort meines früheren Hauses in St. Aygulf. Durch Nachforschungen im städtischen Archiv von Frejus und in der Bücherei bestätigte sich diese Wahrnehmung: Genau an dieser Stelle befand sich eines der wenigen Häuser der damaligen Zeit.

Ich fand auch die Stelle, an der seinerzeit - aber lange vor meiner dortigen Existenz - das Haus von Agilus stand.

Der Kreis schließt sich. Ich weiß von Agilus, dass ich in jenem Leben sehr traurig war, weil ich der Sehnsucht meiner Seele - zu heilen – nicht nachgehen durfte. Daher der Schmerz und die tiefe Traurigkeit vor zwei Jahren in der Kirche.

Trotzdem war jenes Leben keine verlorene Zeit, denn es ermöglichte mir, heute in die geistigen Bereiche einzusteigen.

Von Agilus wusste ich, dass ich in diesem Urlaub einen weiteren Ort finden würde, der eine große Bedeutung für mich hat. Tatsächlich befand sich nur wenige Meter von unserem Haus entfernt eine Kapelle mit einer Marienstatue. Ich meditierte dort jeden Tag und hatte dabei sehr schöne Erlebnisse. Ich begab mich auf eine Ebene, die nur aus Frieden und Glück bestand. Es existierten weder Zeit noch Grenzen. Ich hatte nur noch ein Gefühl des Schwebens!

Agilus meinte hierzu: „Getragen vom Meer der Freude gleitest du über die Schwelle deiner Sehnsüchte, um im Reich der Auferstehung die Wurzeln deines Menschseins zu verankern.“

Auf die Frage, welche Bedeutung dieser Urlaub für mich hatte, erhielt ich folgende Antwort: „Die Seele hat ein Stück weiter nach Hause gefunden.“

Agilus gab mir noch folgenden Rat: „Trage alles Momente des Glücks bei dir, wisse um ihre Ewigkeit und mehre durch diese Einstellung deine Empfindungen für die Liebe. Bereise mit deinen Gedanken den Ort deiner Vergangenheit, bewege dich auf den Schienen des Glücks und die Begrenzungen deiner Vorstellung werden gelöst mit der Macht deines Herzens.“

Ich besuchte am Tag der Abreise nochmals kurz meine Kirche und genoss die Harmonie und das Glück des Erlebten in ihr. Ich weiß, wir werden wiederkommen.

Das Glück hat einen Namen!

Schlussgedanken

Seit der Erkrankung von Frau Wieser sind mehr als zweieinhalb Jahre vergangen. Diese lehrreiche Zeit war für beide mit vielen Gefühlen verbunden. Beim Durchlesen von Frau Wiesers Erzählung entdeckte ich etliche Situationen mit großem emotionalen Inhalt, die damals von mir nicht erkannt wurden. Ich glaube, dass wir uns beide gefühlsmäßig etwas zurückgenommen hatten, um uns nicht gegenseitig zu belasten.

Es war seit vielen Jahren mein größter Wunsch, mit Heilenergien arbeiten zu dürfen. Mein Mann riet mir häufig dazu, entsprechende Kurse zu besuchen. Ich sperrte mich aber immer dagegen. Mein Unterbewusstsein sagte mir, dass ich diesen Zugang auf andere Art und Weise erhalten würde. Das geschah unvermittelt bei einem der ersten Kontakte mit Frau Wieser. Agilus trat in mein Leben und ich erkannte ihn als meinen großen Führer und Lehrmeister. Ich begann, meine Träume zu leben und ich hatte von Beginn an ein wunderbares Gefühl dabei. Ich freue mich täglich auf meine Arbeit, keine Behandlung ist gleich und jedes Mal lerne ich etwas Neues dazu. Meine anfängliche Unsicherheit ist gewichen und ich fühle mich in Agilus Händen geborgen. Er leitet mich und ich brauche seiner Führung nur zu folgen. Ich stehe am Ende des ersten Drittels meiner Entwicklung und ich freue mich auf die kommende Zeit. Der ständige Wechsel von der geistigen Welt zur realen Welt – zu meiner Familie – fällt mir nicht schwer. „Agilus" ist in der Familie ein geflügeltes Wort, das sehr oft gebraucht wird. Meine Kinder nennen mich spaßeshalber nicht mehr Mama, sondern Agilus. Mein Weg hat uns alle noch enger zusammengebracht.

Ich bin dankbar für diese Fügung. Ich weiß aber auch, dass ich selbst sehr viel dazu beigetragen habe. Ich wurde von der geistigen Welt nicht ausgewählt, sondern meine Seele hat sich für diesen Weg entschieden. Ich spürte diese Entscheidung und nahm sie bedingungslos an. Seit fünfzehn Jahren beschäftige ich mich mit diesem Gedankengut und es fügte sich ein Teil zum anderen. Diesen Weg kann jeder gehen, denn jeder Mensch trägt eine spirituelle Begabung in sich.

Ich lege mein Leben in Gottes Hände und bin mir der Bedeutung des Satzes „Anfang und Ende, es liegt nur an dir" täglich bewusst.

Ich weiß um die Verbundenheit mit Agilus und spreche ihm hier nochmals meinen persönlichen Dank aus. Wir werden mit Sicherheit noch eine schöne Zeit miteinander verbringen und ich habe keine Angst irgendwann die Reise in mein nächstes Zuhause anzutreten.

Christine Kähn

**Das weitere Buch von Christine Kähn (und Agilus) liegt zur Veröffentlichung vor*

In der Genesungsphase meiner Krankheit dachte ich viel über meinen zukünftigen Weg nach.
Ich lernte immer mehr Menschen in ähnlichen Situationen kennen, spürte ihre Verzweiflung (die ich nur zu gut nachempfinden konnte), ihre Ausweglosigkeit und ihre Hoffnungslosigkeit. Ich erfuhr aber auch von der gnadenlosen Härte vieler Schulmediziner, die - vielleicht um sich selbst zu schützen - oft Dinge von sich gaben, die den Betroffenen noch tiefer stürzen ließen. Ich selbst wurde Gott sei Dank nie mit einer derartigen Prognose konfrontiert. Die Ärzte, die mich betreuten, waren äußerst einfühlsam und zurückhaltend. Leider maßen sich manche Ärzte an, den baldigen Todeszeitpunkt genau zu wissen und das dem Patienten auch mitzuteilen. Dadurch wird es für ihn sehr schwierig, wenn nicht unmöglich, die Hoffnung und den Lebensmut nicht zu verlieren.

Bei allen Menschen, die ich kennen lernte, handelte es sich um Kranke, bei denen die Schulmedizin nichts mehr zu bieten hatte. Alles war ausgeschöpft: Operationen, Strahlentherapie, Chemotherapie, usw. Sie fühlten sich allein gelassen und dem Schicksal ausgeliefert.

Ich wählte den Weg über die geistige Welt und wurde dabei von Frau Kähn geführt. Zusätzlich lernte ich den Wert der Bachblüten, der Homöopathie und anderer alternativer Methoden kennen. Ich spürte, wie sich die Puzzleteile immer mehr zusammenfügten: Auf der einen Seite empfand ich großes Mitgefühl, auf der anderen Seite besaß ich das Wissen um die verschiedenen Möglichkeiten und Wege, aus der Krankheit herauszukommen. Wo lag meine Aufgabe?
Während eines Gottesdienstbesuches wurde mir schlagartig klar, was ich zu tun hatte. Es war eigenartig, die Idee formte sich

schnell und mit großer Gewissheit. Beim Verlassen der Kirche wusste ich: Ich werde Heilpraktiker! Ich muss mein Wissen vermehren und vervollständigen, um wirklich helfen zu können.

Zuhause angekommen, suchte ich sofort nach einer örtlichen Heilpraktikerschule. Mir war klar, dass ich nicht drei Jahre nach München fahren konnte. Ich hatte ja auch noch meine Familie, meinen Beruf und durfte auch meine Gesundheit nicht aufs Spiel setzen. Beim Durchblättern des Telefonbuches dachte ich noch: Lieber Gott, lass mich einen einfachen Weg finden. Ich entdeckte eine Schule vor Ort und forderte Informationsschriften an. Die Vorfreude auf die Ausbildung wuchs immer mehr. Ich führte ein sehr schönes Gespräch mit der Schulleitung und ich konnte an einem Probeunterricht teilnehmen. Die Ausbildung ist teuer, aber im Bereich meiner Möglichkeiten. Auch der zeitliche Aufwand müsste zu schaffen sein. Freude beflügelt!

Ich habe meinen Weg gefunden:
Meine Spiritualität dank Frau Kähn! Meine Lebensaufgabe dank Harkon!

Ich weiß mich geborgen und geführt, ich weiß mich beschützt und geliebt! Ich wünsche jedem für sein Leben eine ähnliche Grundstimmung!
Ich bin dankbar für alle meine Erfahrungen und Erlebnisse und freue mich auf die Zukunft. Ich möchte mit den Worten von Shakespeare schließen, die ich mir zu meinem Lebensprinzip gemacht habe:

„Es gibt mehr Ding´ im Himmel und auf Erden, als eure Schulweisheit sie träumt.“

Annemarie Wieser

Verlag Wega e. K.
Neufelderstraße 1
D-67468 Frankeneck

Tel: (49)06325-1840301
Fax: (49)06325-980997
e-mail: wega@verlag-wega.de
www.verlag-wega.de